风月无边

龚璇 著

上海文艺出版社

目 录
contents

辑一：虚构的爱情

生命的火焰只为你燃烧……………… 3
用眼睛想象你的身体………………… 6
不便来见我…………………………… 8
想做你永远的新娘…………………… 11
不敢回头……………………………… 13
那一夜………………………………… 15
照片…………………………………… 18
吝啬…………………………………… 20
青梅竹马……………………………… 21
相信…………………………………… 23
美酒,可以醉为人生…………………… 25
拷贝…………………………………… 28
目击者………………………………… 30

辑二：垂枝的青涩

一棵树,很寂寞………………………… 35
不问…………………………………… 38
或许…………………………………… 40
断句…………………………………… 42

窗外	46
欲望的天空	48
雪的味道	50
铜镜书	52
午夜电话亭	55
问	59
一棵树的表情	61
村庄之外	64

辑三：自然的箫声

石榴	69
罂粟	71
岩画	75
梦蝶	77
赛里木湖	79
井	82
碎花恋雾	85
蛙鸣	88
知了	90
向日葵	92
风月无边	94
镜花·水月	97
泸沽湖	99
古琴	101
水中月	103
晚秋	106

辑四：江南味道

- 沙溪，沙溪 ··· 111
- 古镇 ··· 114
- 江南民间现代诗歌馆 ··· 116
- 印溪留白 ··· 119
- 上海，偏北，太仓之城 ··· 122
- 春至江南 ··· 125
- 春思 ··· 127
- 红船 ··· 129
- 中山陵 ··· 131

辑五：江南季节

- 立春 ··· 135
- 雨水 ··· 137
- 惊蛰 ··· 139
- 谷雨 ··· 142
- 春分 ··· 144
- 立夏 ··· 146
- 中秋 ··· 148

辑六：题外诗

- 以诗为眼 ··· 153
- 生活片断 ··· 156
- 灯下 ··· 159
- 生日 ··· 161
- 猎人 ··· 163

嫦娥	165
回家过年	168
告别	171
有些时候	174
钢琴师	177
杏花村	179
时间,如果允许	181
小巷	184
江边	186
塘鹅	187
维纳斯	188
秋赋	189
鱼缸	191
幸福,也会有忧伤	193
毁灭的童话	195
印象·九寨沟	197
一次,就足够了	200
题外话	203
创作一览表	204

辑一：虚构的爱情

生命的火焰只为你燃烧

背对夜空,月光辉映
谁,投射簇簇绚丽
编织七色
舞动生命亮点
散泊纯真的笑容
感动
一幕人间情景
漫出初春青翠的嫩芽

生命的火焰只为你燃烧
我又如何
能够停止匆促的脚步
暗渡四季时序
看江南三月
探出新枝绿叶
柳絮飞扬,春鸭先知
江水暖我膨胀的私欲
鼓动早来的风
吹散系紧的飘带
落下的风景
扛不住世界的眼睛

却要从熟悉的意象里
窥视尘世，剥离幻觉
有谁，甘心支撑一片寂影
把俘虏的心情
覆灭于挥霍的屋顶
直到片瓦无存

生命的火焰只为你燃烧
从街坊走过
随性的，每一次转身、回望
都贴近操守的贞洁
最终的决定，把闭目的迟钝
阻止于某种机缘
有人假装喝彩
蹲伏寺前石阶，数着榆树下片叶的年轮
看风，隐去晨钟暮鼓
封存心智
不再自悟木鱼的轻击
佛珠断了线，滚烫的散落
识不得香火的悲情
叩拜，到了虔诚
又怎能轻信狮吼的心态
有过怜悯
我已不知道，此刻
还去追求什么样的结果

生命的火焰只为你燃烧

无需空谈。日渐丰满的躯体
正日夜兼程
赶赴雪原的巅峰,从鹰的牙缝里
挑拣新鲜的肉粒
重组一匹强壮的骏马
闯入辽阔的可可西里,磨炼信仰
再镶入灵性的钻石
交配藏獒的雄齿
滤尽戈壁狂乱的风沙
高处的亲昵,除了空旷
还有一片胡杨:镇守不朽的千年
那就是我
燃烧的生命威严,直到尽头
也从不苍凉

2011.2.4

用眼睛想象你的身体

端坐微明的晨光里
看秋雨
浅淡而下,水墨似
影写湿润的江南

一把花伞
撑开惆怅,在路旁
停歇晚来的温软
一个女子,耳语呢喃

我,好像听到了
瓦墙边蟋蟀的清唱
那回音,又擦身而过

谁,勾起青藤的欲望
缠结的树影里
最美的月季,为什么
幻作镜花,羞于闭月
我,还能有怎样的想象

已至九月,眷顾的记忆

是否遗忘，或者陌生
摇落的一树秋叶
正把奇异的梦想，当作旅行的开始
凝视风中的漂泊

谁说没有方向？只是你的任性
出没于水滴的影子
那秋雨，不合时宜
沾湿了你的手指，梳篦断裂
盘髻的头发，散架似的披落
遮掩着你的笑容

九月，秋雨中，寒流袭来
我才知觉，光线的赎罪
使消失的事物，只为壮烈的风景
召回心中的梦想
我的苏珊，你在哪里
我早已关紧窗门
用眼睛想象你的身体
那么，忧伤就会悄然退去尾巴

2011.9.3

不便来见我

不便来见我,你
无奈至极
唯有清瘦的寒影
借陪一枝柳,垂打岸角的落寞
击泛涟漪。背风的叹息,悠然而近
夏蝉,急切躲栖枝梢
鸣啭。水上的莲
听不到脆厉的回音
阔叶蒙面,做起一个青涩的梦
为波粼的水
摇撼这一夏的酷热
枯了娇媚

此刻,多么渴望
一阵薄荷的清凉,给我热恋江南的理由
巷口,古桥上
一把花伞遮羞的女孩
佯作镇定
戒备森严的神色,令我大汗淋漓
无语向天空
偶尔飞过的云雀

飘落洁白的羽翎。似雪,埋下秘密
几条鱼,戏游草茎,张望流年
水底的黑泥,搅成一片混沌
看不清楚,哪里有靓影
抚弄暗散的馨香

有些东西,可以当作观望的诗经
冷酷的界面,抹不去残阳的沉落
而乡愁的浓液
渗透海誓山盟,口念秘诀
不让时间划定迢遥的距离
莫名的变幻色彩
怯逃现场的青蛙
泅入池底。鹅卵铺垫的温柔
有几分沉重?从暮色的斜径间
一路走来,我惊异欲盖的真相
那些谎言,不存慧根
更谈不上聪颖,传达的某些旨意
只以沉默
挤离诱惑,背道而驰
更不知道,弃之有罪
扬之为善
直到秋天,凋残的树枝上
若香溢满园
才是一种美丽
不然,怎能愉悦隐逸的春季

谁,觊觎天地的芬芳
想不劳而获,却终被无情唾弃

            2011.8.2

想做你永远的新娘

入夜,天空不见阳光
更不见清澈的月晕,甚至灼灼星火
我又怎能去做你的新娘

比起轻风,我憧憬的分娩
脱离母体,渗透宿命的山村
封冻的路上,野蛮的碎石
如雪中践踏的玻璃,刀割
寒冽的印记,我更无语

比起细雨,我欲望的利爪
刺穿腹腔,膨胀思念的触摸
殷红的血,一滴滴轻轻溢出
凝固草尖拂动的成长,谁会关心
背叛的归属,早已终极灵魂的方向

比起青荷,我梦醒的池塘
龟裂积泥,藕断菱枯
逼成一次转世,却不知遗落的种子
被晒干萌芽的良知,虚伪地活着
心智,正交替生与死的临界

比起桃花，我伤感的文字
就此锁入木制的抽屉，虽只剩孤寂
催促的岁月，暗香浮起
稀释沧桑，在背脊上刻下忧伤的深痕
感应的疼痛，已无所畏惧

那时，夜有多长。即使没有阳光
没有月光，甚至没有星光
下一个季节，满园春色
我必定是你的新娘，永远的新娘

2010.10.24

不敢回头

谁,把山野的寂寞
藏入更深的沟壑,幽静中
一声黄鹂
惊鸣灵性
撼动山神沉眠的春情

野花开了。山树间穿梭的松鼠
在溪边
眺望茂密的苇叶,风吹芦絮
似雪绒花,蜿蜒坡上小径
缠绕看不见的电波,想阻断信号
未尽的假期
被心智迷惑,走失所有目光

纸鸢,行走天空
牵一根细线
拨动心弦。宽阔的平原上
颤音悠长。自由的放飞
俯视人间奇谲
为渐渐暗下的天空
揽起沉落的夕阳

拂尽瑟缩的谄媚

关于那个时代
我确信
沧海桑田，不会拒绝
流水的存在
也不必埋怨真情无奈。我早已听说
一张网，被暴烈的风
吹出无数窟窿
黏附的昆虫无力挣扎
轻质的骨骸，覆盖青草的底土
却惦记着限量的忧伤
不然，你为什么低头凝望
水上漂游的鸳鸯
傻傻发呆。甚至撤离方向
再不敢回头

          2011.3.8

那一夜

那一夜,失明的厢房内
暗影晃动。一双壮健的手
划亮火柴
却无法点燃梳妆台边
疑虑的灯盏
爷爷早年的困惑,忽明忽灭
坠入旱烟杆的布袋
重重心事,泛出无奈的奢望
奶奶的香囊,清淡无味
灌注苍老的羞涩,梦一般游离
鱼尾纹的碎影
盗取鲜润的青春,虚脱拧干的花容
从一根草绳开始
冷冷的相思,蔓延惆怅之藤

旧式柜橱,看不见几件盛妆的礼服
避嫌角落,褪尽鲜亮
叹息,一声接着一声
观测残忍的空气,究竟藏在哪里
赴约的心情,滞留床前
升为焦渴的绝望

一只灰鼠,摸准藤椅衰老的变奏
沿着桌凳的边缘
暗窃闹房之后,撒落一地的
红枣、花生、核桃
虚幻光影
罩住疲乏的果壳
直射绣鞋上,两朵精致的莲花
忽左忽右
滚落聚合的茫然
谁,欲盖弥彰,又慌了手脚

一把守门钥匙,铸了多年
已打不开石锁的芯片
智障的月光,被阻拦院外
在黑黑的夜里,紧盯经典的星空
目瞪口呆,空喜一场
悲情,不习惯时空的穿梭
夜宿的归鸟叼落火种,被劲吹之风
熄灭极端的光亮

那一刻,有人诱我躲避世界
甚至装作不明事理,甚至来不及惊喜
让人感动的那一声初啼,擂破寂静
百年之后,阳光的坟场
有一对蝴蝶,青梅竹马
飞来又飞去
向着明媚,向着冉冉的云

注目曾经的爱
以及渐近的未来

       2011.2.28

照 片

谁,把守南方的窗棂
不让月光,投入温柔的梦乡
书桌上,一摞叠放的照片
几个熟悉的靓影
渐渐显身
有人揭开隐私的皮层,是一种错误
有人找不到宣泄的对象,也是一种痛苦
很多树,悄然退出视野
端详的那个姑娘
撑起油纸伞的骨架
藏春的绿叶
挡住并蒂莲热吻的镜头
桃花的感觉
被一阵风漂白
又怎能囚禁内心的骚动
我开始听到
悠然而至的爱莲曲
撞击叶瓣,不再间歇
照片背后,一节虚构的文字
书写淡淡的忧愁
闪烁着什么样的错觉

竟让我划动舢板,在莲叶间
寻觅一尾傻傻的鱼
无视水中隔世的爱恨
谁,坐立不安
才想起,去年榕树下,我和你
瓜分凉薯的香甜,那么亲昵

其实,一枚盛夏的莲心
已沉潜深秋的湖底
出水的藕,嫩白又清纯
我怎能忘记它的模样
我并非薄情,久持的照片
乃你悉心馈赠的信物,我不可能随意丢弃
只想在来年的三月,春寒过后
一起分享
没有缺陷的爱的过程

2011.2.27

吝啬

抬头看你。手势和语气
总带些倦怠
如同淋霜的冬草
蔫了冻僵的呼吸
一口气,噎住密闭的喉咙
封住食道,从鼻孔的微翕中
吐出的神韵,如腊月的轻雾
征服裙角的碎舞,又抛给你
垂枝的清冷,摇摆于暮色中
一树暗香
引我改变了虚浮的秉性
待到天气渐暖,梅花开了
三月叶绿如玉
渗透某个人的体温
鼓动火的语言
在路上,结成冒烟的低吟
我见你
捧着最美的诗经
为剥剩的荷叶,卸去沉沉的清高
心领神会,不再吝啬

2011.2.28

青梅竹马

离奇的梦,总把虚构的翅膀
分割两界
楚河边,有士卒把守
谁敢靠近越轨的幸福

青梅,怒耸酸楚的心情
不甘阳光的晾晒
为世俗痛绝怨苦。仅作商品
出售给贪欲的情侣,入口嚼碎
化作乌有

竹马,甩燃药捻的引信
以幽蓝为背景,抽取焰火
爆发稀罕的惊奇。而我约定了时间
想把一棵草还原为智慧之树
以风中的俊美,教会你,爱或不爱

我不能郁郁寡欢,捏造密叶的遗憾
盗用每一天精致的贺词
凌空悬架长虹
善良的飞翔,捕捉灵魂

拆卸愁眉、洗涤黄脸，不再哀叹镜中的虚幻

谁，御云狂草
不论白天或黑夜，从一颦一笑之间
追寻双栖的蝴蝶
白蝶，如你拂袖起舞
紫蝶，为我清唱昆曲

如此寂静的夜里，我只图
能够安稳睡觉
不求惊醒，看一场美丽的错误
若你为窗前最美的白马
即使闪过暗影，我也会伫立不动
甚至止住泪滴，了断前缘
不去嘲笑逃避的感情
直到疲倦
归卧山秋，不结愁怨

2011.8.7

相 信

夕阳,割裂云层的一盏奇灯
我相信,暗淡的一刻
只为唤回电闪雷鸣
消散暴躁的脾气,紧随风雨
去流亡苍凉。悲情何来?七彩虹
已从另一个晴朗的天空
吐出柔韧的穗苏
接济宽容,收获至纯的感动
不再惊慌,不再迟疑,不再害怕

黑夜到来的时候,我相信
天上的星星
总有几颗
羡慕平凡的一草一木
倾尽热情的光芒
辞别梦想,搭乘红色快列
与我同行,途经的车站
幸福与苦难
捡拾机敏的时光
堆高一生的柴禾,引燃骄傲

去海上,静听心域的涛声,那么宽广
我相信,总有不恋汹涌的金沙、银沙
遗落礁岩间的贝壳
忆起每一朵浪花的细节
为钟情的柔波,敷上吻别的词句
寂寞之外,婉约的性情
一点一点迸亮烟花
喷吐心扉的幸运

穿越树林,攀爬高山
风萧萧,雨绵绵,雪融融
抵达的村庄牛羊成群
围栏的草坡上
还有一群不起眼的家禽,突然坠落心底的惆怅
喊出前世今生
远远的致意,引我回家

2011.2.19

美酒，可以醉为人生

如果感到寂寞
心仪的酒吧，就是约定的去处
茅台、五粮液、古井贡、竹叶青
协同国粹的豪爽
善变的脸谱，击敲京韵大鼓
调匀烛光
快乐地，放纵夜晚的笑谈
甚至路易十三、马爹利、白兰地、伏特加
协同漂泊域外的情绪
陌生的触觉、节制的罪咎
以暧昧解冻黄昏
以笨拙苏醒语言

我可不可以
忘记自己的存在
自由地，挥臂扭动臀胯
跳一场酒醉的探戈
或者诙谐的恰恰，或者热烈的桑巴
再哼上一段
帕瓦罗蒂的太阳，多明戈的阿依达
或波利切的蝴蝶

女神能听懂夜歌的激昂

而我身在何处？饮尽酸甜苦辣

那时，我愿意

假借麦当娜的处女嗓音，热烈而多情

惊醒百花，以美丽命名

缀满雪白的绸裙

把愁怨分开，让含露的青草

倾注更多

悉心的关怀

甚至插上几朵粉红小花

谁，还敢质疑断茎的疼痛

那时，我愿意

追溯爱情的往事，绝不留一点遗憾

娓娓道来

今生的故事

让风，收入干瘪的行囊

鼓起丰盈的翅膀

飞向狂欢的片刻，不再隐蔽潮涌的内心

谁，被烈酒灌坠的胃壁

浑浊离奇的糟香

星辰正等待光芒

等待一场雨

把狼藉的痕迹洗刷

有人偏执的时候，我想宣布

生命不只是一片漆黑
就在今晚，我已打开另一扇窗
以解放的名义，消除腐蚀的空气
放下自己
开怀痛饮，醉为人生
让忏悔，抵抗灵魂的肮脏

        2011.2.23

拷 贝

贴身的拷贝,断了齿孔
像发黄的纸片
飞入空洞的旧景
透白砖瓦,脱落的灰墙
浸洇斑驳的篱笆影子

茂密的古藤,根须露出纹理
暗恋尘土
夜风中,缠绕吹不散的惆怅
枯萎了往事,却历历在目
琐碎蔓延的情绪
挥之不去
镜中雀斑,布满瑕疵的悔恨

谁,挥动一方丝巾
梦游小岛的奇境
夜色下,一张粉色的脸
映出桃花笑靥,盛放寂影
不再捉弄苍白的岁月
嬗变朝夕
耗尽内心缓慢的晴朗

放不下的日子里,我静待澄净之喉
呐喊隐蔽的光芒
为粗犷的天地
留香作赏
拷贝今生的仰望,提速预言的烙印

2011.2.15

目击者

渡口,看不到静泊的木船
更不说
那位撑篙的舵工
刻意回避岸上行人的心态

雨,仍然下个不停
走,或留
困惑于经验主义的忧伤

一匹黑马,啃食枯黄的草根
远近蹄印,羁押我的幻想
而鸟类布置的陷阱
让我焦虑的心,坑坑洼洼
厌倦雨中的送别

紫蝴蝶的翅膀,黏附各种符号
若隐若现,风中飞行的疼痛
刮落一片片
柠檬色的叶子,无力识别
漫卷的清香
追赶的眼神

迷离,一丛野菊泣别惆怅

落瓣,曼舞于波浪之上
明白的方向,如九月的心情
眷顾新生的快意
除了爱你,还是爱你
那么,如果这一天
我去浪迹天涯
不期而遇的,是否内心的遥望

2011.8.25

辑二：垂枝的青涩

一棵树，很寂寞

七尺宣纸上，一棵树
很寂寞。云层抵达的时候
隐遁的阳光
悄无声息，交织枝丫的战栗

没有扑面而来的劲风
谁会在那里，激活树躯刚烈的性情
没有倾盆而下的骤雨
谁又会翻卷枝叶的汹涌
水墨的磐石，律动倾向
貌离神合
你无法参透虚化的情绪
差遣时光的孤独
一片草丛，积攒溪水
为树躯的精神
庇佑深邃的生活，热爱或者怨恨
不再引我昏厥

叶与叶的较量，不为景致蜷缩
一盏盏灯，为什么彻夜明亮
作祟夜来的喟叹，刹那间

引来群蛾扑火,深入的幻象
复活良知

我,并不愿意看着摧残之手
使树容失色
浓荫下,村庄的库房内
藏着麦穗、苞谷和稻茇
从春风中茁壮
从秋收里丰硕
你,一直撇不开熟悉的视线
所以,我必须
赶在鸡鸣、烟袅前
把墨迹吸干,把桌椅收好
把天窗的遮帘微微拉开
用一支蘸青的笔
画一棵树,横竖中央

沉寂之后,涅槃的根雕
才能琢活新鲜的物象
比如一片竹林
比如一簇花草、比如山石的峻峭
你就会在那里
望着纸上的风景
接受心中的光芒,不再去
阻滞一次偶然的相识

谁说简单。其实

你御风而行，行程早已安排
过了千山，过了万水
先于艺术，修茸灵魂的磨难
额际上，如雨的汗滴
沁出殷实的人生
早把惯于的灰暗
抛之于苍茫
原野上，放逐的思想
不会湮没一棵树的寂寞
森林的言词，不再沉默，忽然发光

        2011.7.15

不 问

不问水之东流
暗藏怎样的谶语

桌面上,水杯的隐情
被一圈圆弧,道尽美丽的短暂
奇巧的刻花,斟酌辉煌一刻

一滴蓝,瞬间浸润韶光
最繁忙的意境
不赴孤独,养成静谧的态度
如黛的远山,如幽的竹林

如果青鸟
会与阳光的背影密谈
天象,总有超越的底色
衬托云中的微白,静下心来

我将端起徽砚,调整书童的位置
磨墨的快意
只为纯净的水,洇染色彩
画下与世无争的空灵

即使无日、无云、无风、无雨
只要被人废弃的那盏油灯
依然亮着,我会搀扶瞎眼的老汉
耳聋的婆婆
一起数点星星
相信宇宙的有限或无限

        2011.8.5

或 许

或许,如风,蕴蓄热烈
只借湖畔的翠柳
招徕嬉闹的春意

或许,如花,妩媚风雅
只借院落的薰香
充盈淡出的季节

或许,如雪,润白高洁
只借原野的百草
感觉丛中的致礼

或许,如月,垂挂澄明
只借心裁的光影
测量昼夜的距离

那么,如我,静静而来
相约某个地方
看天上的流云,怎样挽留
南迁的候鸟。天赋的技巧
如何把守日月的明朗

那么，如你，悄悄而去
孤单展翅，凝结的冷霜
承载抚慰的梦寐，漫步良辰
一脉灵波，长驱直入
散尽咖啡屋里曾经的浓香

此刻，谁敢灼伤心恋的童话
一步趔趄，虚幻廓影的美丽
雨吻江南
擦肩而过，便遥遥无期

       2011.3.7

断　句

一

风景的伤痕
看似浅淡，却被眼睛里
埋伏的沙粒，苦涩深秋的落叶
从焦虑的空气中坠地
摔坏了瓷质古盘
碎尽的文字，钩沉史料的裂缝
独立的思想，彻夜难寐
在屋檐下，徘徊不停
引退哲学严谨的逻辑
已无所谓知与不知

二

蛀空的脑袋里

愚笨的渔夫投入晒干的虾米
有蠕虫汲取浆液
侵入营养的胚芽，蔫缩饱满的躯体

生命，假如可以重来
或许有一个人，会赞美爱情
并让过去的事情
折叠，夹在书页的骑缝
恻隐之心
就会触觉灵魂的神经

三

竹墙上，攀缘的青藤
嫉妒虫鸣
螳螂在前，黄雀在后
谁能预料背面的事件

鹿死谁手？
我只看见枝蔓的中央
一盏忽明忽暗之灯，亮起警告的标牌
把影子分开
左为虚像，幻出碧水湛蓝
右为实景，掩荫青山碧绿

2011.3.9

四

黑眸眶里

深盈千朵白菊,惊异别样的绽放

和着溪涧

潺潺水声的节拍

随叶片的浓愁,东流

碾碎的别意

对视西窗的雨

相送山径的幽静

荒寂的野草,独恋风泣

入目的寒食

绵延数十里,不见叠嶂

谁,钦点无言的青灯

暗暗颤动,挤走光返的色彩

泛白心事

2011.3.27

五

有人抱树焚身

化作飞天的仙絮

怠慢的星空

只留潮湿的月光,补缀梦的神奇

谁有心插柳,却为空隙添画一枝冷梅

忘记了屋檐下

寒暄的白燕,为什么

突然噤声,抛弃习惯的生活

逼迫水上鸳鸯,护卫浅滩的菖蒲

不愿唱出坦率的恋歌

彼岸的灯,亮出欣慰

却无力抵达,只注视着脚下的泥土

维护参不透的生死表情

不管有没有人相信

除了奔波的灵魂

捂着疲倦的脸

悄然擦去肆意的压抑,又转身

不再错过一次

爽神的闻香

独守孤独的时间,喃喃自语

有人相知

2011.3.28

窗 外

窗外。三月。姗姗来迟的春意
浓艳一枝红梅
稠密的花朵,在阳光下
探视青春的明媚
羞惭,魅惑风吹的笑脸
分泌的雨点
凌空倾泻天际,滋润难忘的江南

寒冷悄悄退隐。若能为蝶
谁,还会在乎破茧的疼痛
从雪白的洞窟
分娩灵性的躯体
早把冻僵的暗疾
烟消灰飞
化作这一天雨中的美丽
花丛中,闪扑激情
那轻哼的旋律,融合轻盈的展翅

有人唾弃伪装的爱情
引诱太阳舞蹈
把溜过禁示的朝思与暮想

暧昧一生的虚掩
刮近的南风
回应扶桑的姿势
从这头到那头
除了虫鸣，只有一个人踯躅沉思
在俗世的废墟上
在高高的山坡上
不舍昼夜

此刻，我更想催促通灵的忍者
拨响子夜的电话
等待天亮时，怒放的白
把我唤醒

        2011.3.18

欲望的天空

今夜,欲望的天空
星辉暗淡,疲乏的飞鸟
爬上树影,唧鸣喧声
遥寄远方
一纸难猜的谜语
月光,捕捉剪贴的豁达
在一面黑色的镜子里
照亮弯腰的姿势
拨弦,弦断;射弓,弓散
为什么,宁静藏起的事物
失真了影像
早已无法扶正
那一粒
咖啡色的印痣,注定与凝神有关
我也明白,月牙很冷清
垂直的视线
正在穿透燃烧的心
树妖的雪景
沸腾内心的秘密
看上去,动作呆滞
无动于衷

却比谁都焦虑不堪
渴望到达光明，之后
叙事的节奏开始放慢
等待的刹那间
我，终于掌握行进的速度
站立的位置，有人口念佛语
祈祷雨中的神息
普降美丽风鹤
谁，靠近瓷白的乳
吮吸一口，越来越深

       2011.3.20

雪的味道

飘雪的原野
垂询严厉的寒冬
谁，鞭落天际的银白
与大地
熟稔共享的呼吸

素妆的林间，鸟儿瘦弱的轻影
飞掠悬浮的雪花
啄出一片冬景
小鹿腾跃，快乐的身姿
敏捷，奔走茫茫之中
连同埋没的树根，嘴嚼雪的味道

繁忙的农时已过，有雪覆盖
荒废的果园
萧瑟的风，吹尽枝头剩留的坚果
袅绕冷清
封锁的浓香
为什么，五味俱存
却不能瓦解迷乱的潦草
甚至平衡骨架上飘浮的灵体

散落似尘，又无处逃逸
便在往事的追忆中
为过去的、现在的、未来的
每一次惊喜的出世
编制感知

此刻，我已不能置身于外
驱动坚硬的冰凌
刺激雪中禽鸟
虚构春天。守候的花信子
惊觉奇世的绯闻和隐私
盛一杯清水
闭口不言

急风骤雨中，残忍的山体
滑动恐惧的泥石
掩埋雪的悲怆。空灵
却创造通达天地的血脉
扩展震颤的灵魂

2011.2.18

铜镜书

一面铜镜,彻照浑圆的面孔
明澈的微笑,在极静的内心禅坐
推窗,阅览坡上缤纷的阳光
草青、林翠、花红、柳绿
打造宽敞的温馨
看燕儿归来,飞去
又想赶往哪一场春宴

一缕风,升裘自足的飘逸
围着田野,围着树荫,围着两岸垂青的春色
从掏空的思绪中
悠然独行,淡定舌尖上乡音的舞蹈
回望的姑娘,披肩秀发
梳理悱恻,制造霸王别姬的情景
美人蕉,跃出忧郁的花蕾
慢慢吐尽含蕊的清香

而为谁紧闭的红楼,从白日到暮晚
隔断沉默
愁为谁生?忧为谁怜
忆起婚礼上,憔悴的伴娘

虚度过滤的时光
拆散的玫瑰
如何入魂，闪回一次神灵的幻想

只因一个人，一段情
隐含的生活方式不同
一帘幽梦，一生遗憾
竟让我莫名伤感，溅湿的衣襟
镂空置身的喧闹
一枚戒指
磨损年代的光泽
落后于月亮
草木无情，如临枯萎之境

此刻，一双挽留的手
徒生执著和忍耐
深宅院内；野蔷薇濒近荒芜
不知几时盛开。只待心的边缘
不眠的瓦当
击敲声声脆响，去救赎前世的质感

似是很远，却很近
便寻找来时的红地毯
把漂泊的厌倦
埋入纱帐。屏面映入的寂影
存储旧枝上
夯实的影像

会否撑开疯狂之年躲雨的花伞
慧眼识天。人在庙堂之上
最后的一抹余晖
高悬，繁衍的磁场
盘定光芒

天空中，飞落阳光和雨水
更有烈风
亲近肌肤
惊醒沉睡的植物
哪一种拒绝，会捎带火焰和闪电
从生到死，感叹五月的从容
以诗为证

2011.2.18

午夜电话亭

已近午夜。南京路上
蓝白的玻璃岗亭
透亮怀乡情调
一个女子,紧握电话
呓语不断
把半个时辰的唠叨
飞送远方
她,无畏于北风的寒冷
甚至忘记了
那些焦虑的人
为什么裹紧瘦弱的身体
列队等待
怎样的心情
游离于亭外的惆怅
这么热烈,又这么无奈

独自激动。掌心渗出的汗滴
攥不住轻巧的筒柄
犯下的错误
助揭暗结的心缘,循着夜风
陷入山村的思念

她的声音，嘶哑无力

渐近变调

谁最为担心

失望的弦线

竟找不到确切的去处

绷断时间

弹走千里之外

我看到了，雪落山坡

封锁了村外的羊肠小道

母亲盘坐炕头

反复念叨的几句话

悄悄化入愁绪，疲惫的眼睛里

视线，虚化了无尽的期待

总也离不开

靠墙炉膛里

木炭爆裂的串串火焰

卷起幽蓝的深邃

更驱不走

模糊的老花眼中

越聚越近的寂寞

静纳的鞋底，刺痛阵阵臆想

一针一线

纳入不眠之夜

当年，你的远游

宽容着一颗挣扎的心

谁都明白,那一次决绝的告别
无可奈何离乡的坚定
你说,你并非贪恋山外的车水马龙
也未曾媚惑城市琳琅的橱窗
更不会晕眩夜的霓虹
只是不想,以世俗的目光
往返于梦幻与现实之间
因为,没有人敢怀疑生活的规则
才用一辈子的感悟
铸打那把钥匙
开启内心的渴求
一次又一次,为天高云淡
守住未来
塑造壮观的铜像
喷涂柔美的色彩
暗置不羁的性情

我相信:
当一种爱,划破村间的宁静
到黎明
相伴的灵魂,不会有飘离的重心
当一种恨,奔涌江水的感动
危险的坦白
更不需要投李以报
当一种忧,消散悠闲的日子
鞭策的纯情
会带去草原若谷的虚怀

当一种愁,惊动青鸟啁啾
着魔的人
会凝听风啸的安慰

即使雪下个不停
守夜的春已悄然临近
无常的黑夜
早已跳出风干的悬镜
一行行,驯服的脚印
或深,或浅
多了几分热烈
你,最美的窥视
独对窗棂
不去惊动酣睡的老人
幽深的梦中
热泪喜悦,简化了寒暄的程序

这个城市,午夜已亮起禁灯
针摆指近五点
隐约的钟声,正传递晨曦的破绽
电话亭旁,谁还在苦苦预约
下一场风雪
是否烈中有柔

2011.2.3

问

一低头的眉睫间

白霜似雪凝,飘恋风的时光

尾随烟花

将季节的嫁妆

留给凋零的桃坞。园圃深处,寂静无声

花也无奈

细雨,嘤嘤抽泣,打湿枝上梦想

蝴蝶语噎,纷飞奢望

苦涩的翅膀

黏着五月的草青

逐走出野感伤。变形虫

才想起未了的遗憾

举杯邀月,又辨不清方向

那淡淡的幽香,疑为天宫的桂树

倾撒花瓣

一夕美丽,梗在语言之外

我看到

墙上钟摆脆响

窗口虚化的玻璃

胁迫飞轮舞蹈

精彩的片断

我终不能忘记
认识的,或不认识的
某些事物
总在创造不朽的杰作

            2011.5.17

一棵树的表情

深秋时节,林荫大道上
落叶金黄
萧索的树身
谁记得走过的人
有怎样沉重的心情

或许,初恋的激情
略去了美景
悄悄裁剪的阳光
隔断了荒芜的角度
一些畅想的片刻
不再有回旋的余地

那么,我很想穿越时空
去树林后的小屋
苦思冥思
把一片稻草的灰土
逐出堵塞的血管
把握时机,从容消除煎熬的恐惧

那时,我来

并非回忆
一棵树的表情
或者逃避尘世的暗疾
隐遁更多藏不住的郁闷

啄木鸟诗意的栖居
早已掏空树身
衰老的残枝
被春天的和暖
垂滴翠叶
轻快的蝉鸣
沁入树荫,乘凉的人
创造美丽的意境
我避开暗袭的蜂蜇,已看不到
流浪的细胞,侵入陌生的躯体

早春二月
一片静谧的景色,等待着
林间晨曦
灿烂,只属于自己的表情
两个世界,为谁
扩展舒适的空气
一串妙音,持续的速度
顺从万物的季节

一棵树,在爱与死的注目中
把绝望与寂静

嬗变为永存的念想

2010.11.20

村庄之外

村庄之外,白桦林中
隐现的含笑,为一片红霞
舞蹈蝴蝶
视线里,禾苗绿浪翻腾
一个人,循着光芒的足迹
寻找深度的炫目
犬吠、鸡鸣、鸟啼
诀别拂晓
一只猫,以匍匐的姿势,透出紫蓝的眼睛
看阳光
捕捉恋爱中的蝴蝶
空气中,窒息的元素,蒙着灰色的因子
有人不愿抵达营地
撞壁裂变,斑斓的翅膀
早把恼人的初夏
渲染得花影明丽
田野间,麦苗幽幽
散落的幻色
苦恋奇境
酿造历史的味道

那么，现实离我多远？

荷花，在镜中显形

十里荷塘

清香幽深

不再述说去向的对错

谁，引我前往，为昨夜的归途

掌灯，清扫混沌的黑

天明，才知道空气中，鲜润而潜返的味道

不让呼吸

留下一张不相识的脸

晃动的身影，迸射时间的星辉

溅坏了眼睛，渗血，或者疼痛

早已模糊

谁，背对篱笆，沉默不语

令你羞愧不已

但有人知道

那是你，折断悲凉

超越生死恐惧之后

净化的夜空

现在，不管谁

以何种方式

把我放置在那里

街巷流行的绯闻，已很难让我迷惑

爱我所爱。只为一扇窗口

那灿烂的笑，纯真的脸

推远黑夜

恨我所恨。只为一树年轮
那风中的留言，贴上叮嘱
不再被世故绞尽脑汁
薄弱意志
那一个瞬间，我将回到村庄
以纯净之心
划定自己的中轴，
反省灵魂的卑鄙
我正把思想的根底
深深扎入乡愁之中
直到远处的麦田
收割辉煌

2011.6.6

辑三：自然的箫声

石 榴

推开窗户,恰见憩园的石榴树上
浸润一片朝阳
鲜润的果实,枚枚绯红。一张脸
临风,舒展欣赏的视角
姿影绰约,熟透丰腴

树下的琴童,弹拨内心的骚动
相拥彼此的豁达
练习表白
在不同的时间里,摒弃伪装的呻吟

谁,恪守家训,把一盘盛装的果实
从静谧处,摆放紫檀的盆架
忍受迷局的幻变
秋虫远鸣
枝梢上,早已看不到一丝悔留的痕迹

堂前屏后,青花布衫晃动
巧手穿针,执线引绣,和着轻快的节奏
拨亮的灯盏,彻照夜传的佳讯
我知道,此前曾有人伤害过你

一枚枚紫莹的仙粒,抱枕难眠
只因深藏的画意中
那剥剩的石榴,缺少补足的灵气

今晚,清辉交织,月亮躲在哪里?
我与你
相识憩园,其实心怡更久

2011.8.10

罂 粟

西南偏北，爱神的魔幻之泪
侵扰荒原的睡眠
谁，怜惜遍野的山花
围起栅栏，以栽种的道具
黯然香气

绛紫的茎秆，乱了方寸
沿着山坡的斜面
质问陷入的肉体
纵有三面六臂
火炬、猎犬、蟒蛇、匕首
只成虚拟的事物
庙台上，幽暗之舞
肆虐孱弱的身体，依赖迷幻的毒素
想阻止裂变的快感
不料腐蚀的工具，愚弄了潮湿的空气
看不见的雨，背叛了愿望

太阳急遽上升。鹰的神目，遥感千里
渴望的去处
飞逐光芒，不敢临界而栖

体内,总有些东西
惊慌失措,突然伤害自己
诗性的感知
捕捉赤裸裸的呼吸
也不足以破解死亡的陷阱
善良的草叶,变形劝诫的浆果
让我泪流满面
而那朵花,炫耀七色绚丽
又让我肃然起敬,惊讶不已

赤,如山梅,漂泊了几个世纪
只为诱尽自然的本性
橙,如野橘,细致的养护
只为赢取世俗的赞誉
黄,如雏菊,雕刻心底的坦荡
只为深嵌纹样的挚情
绿,如苜蓿,预告恭迎的季节
只为初始的那一种热恋
青,如荷莲,出淤泥而不染
只为纯净生命的秋天
蓝,如龙胆,优雅的素静
只为永守朴实的信仰
紫,如鸢尾,征服季节的变幻
只为谣言不再四起

太阳底下,抱守的美名
更难提防鼠类的纠结

开阔的原野,也无法改变绿叶的速度
滂沱的江河,不只容纳
那种叫做汹涌的感觉
他物不可替代
他人也无功可居
有人拔根而起
堆垒远离的草垛
有人敢于冲击心脏,寻找雷电的光源
不为万物
只为自己的灵魂
在倾盆大雨中,洗刷昏暗的形体

花园之外,我给自己
留着简朴的生活,恬静而新鲜
你看,草地上奔驰的野马
深浅的蹄印,穷尽良田、美池、桑林
甚至轻吻丽质的风,一点一点
引退腹地的阴影
若是掉入无底之渊
严父的命令
绝不局限于三月的耕作
五月的怒放,七月的流火
九月的金黄
到了岁寒末季,总有人
递给我
一把锋利的铲刀
祛除有毒的草根

来年不复重生

2011.3.12

岩　画

　　一幅画，枕上岩壁
　　铺就远古的辉煌
　　一些人特立独行
　　挥钎，雕琢千年长卷
　　延宕农耕时代感动的作艺

　　风和雨，这么猛烈
　　催醒原野流落的色彩
　　染红枫林
　　我看到，秋景渐深
　　亮丽的笑痕，守着馥郁的馨香

　　谁，不辞辛劳，掬一把黄土
　　撒下晚秋的浓情
　　从密林中走出，牛背上的琴童
　　一曲离歌，奏开眼中热泪
　　谁想紧握我的手？

　　不为道别，只为美丽的邂逅
　　留住怀古的感喟
　　死亡和雪同样命短

隐现的力量，于你心中
仍然保持着那份原创

2011.2.16

梦　蝶

梦见蝴蝶,制造的虚幻之境
幽暗之中
近看,或远看
皆是一团触不及的云雾
撩开湿漉漉的面纱
年岁的寒冷,更别想找到
茎秆上飘摇的花蕊
丰羽的追逐
就是一种诗意
在江南,春天的油菜地
考验扑闪的耐心

我想明白,庄周的蝶梦
究竟存活多少年
鱼为鲲,鸟为鹏
隔断千里的记忆,会否陌生
或者一炷香的时间
消失的翅膀,就不再美丽
结茧成蛹,灵魂又去了哪里
暗藏的妖娆,为什么逗弄世间的众生

我为天池悲悯。虚空的背面还是虚空
若其远
为什么，你不能
借着夜的光隙，乘一叶木舟
去往理想的南海
寻找标示的驻地
学会迎娶飞蛾，敢于把肉身
染一生明亮的蜡
即使成灰，也不黯然

颤动的心，不能忘情于航行中的追索
要让惊悸的灵魂，在春风吹拂的早晨
落地成草
青葱如林

2011.2.16

赛里木湖

高原顶上,秀丽的赛里木湖
仰仗山水的饥饿
把毕生调制的色彩
洇染一湖沉静
几尾冷水鱼,惊跃水面
不尽的涟漪,密布羽化的秋意
撼动人世的窃语

落空的山风,蛊惑瞬间的感觉
修剪内心的漂泊
片片金叶,叠印水底的卵石
多情时刻
见证彼此的炼狱

我已记不得什么
这样煎熬的日子,给出的铿亮记忆
竟然错误百出
给远山,层层雾岚
遮住了山谷的幽静
湖边的野草,被风拂动
还原春天的灵感

为疼痛的落霞，弥补视角的差距

看到吗？密集的雨雹
在我转身远离的时候
紧贴车窗
咆哮浓烈的激情
你如何能停止脚步
逼我靠近，去呼吸单调的空气

我不愿离开，只想握着你的手
紧紧，紧紧
任风卷走如烟的时光
不再迷失
佛语的慈悲，藏不住我的灵念
每一句蹊跷的话语
助长契悟的法缘
花草酬我繁茂，树林报我青翠
昆虫迎我悦耳鸣唱
飞鸟还我护持的自由

那么，我丢失的天空
在赛里木湖
会不会叠合无数星星
拥趸前行的路径
或者，安顿身旁的憔悴
看另一片天空下
流水带走落花的忧伤

我不能开口说话
一座又一座美丽的毡房
尽现北疆风光
若是这样
谁，不想让安宁
叮嘱心儿，克制天空的放荡

2010.10.5

井

其实,井底之蛙的视野
窄小又无奈
以异样的目光
仰视井上的天,似是空阔
却如探窗看星星
一片云
就能遮住满眼灿烂
雨,挂壁垂下
感觉的湿润
如坐井的迷惘
井底私藏的水镜
看我很大,看月亮却很小

谁,跳得出青砖的围栏
一坨草
被雾霭蒙蔽,几个季节不可分明
恍惚如入天堂
白羊、棕马、车辘、毡房
以及挤奶劳作的姑娘
隐没于画作的虚境
触手可及

却没有生命的迹象

微光西去，井栏外
太阳照常升起
一片燃红的原野
透出迷醉的绚丽
我想问一问
井边的汉子，为何
手执缰鞭，不去抽醒倦伏的诗人
却忍住懵懂的沉默
偏为黄昏疑虑
假装斯人已去，沉潜孤独的愁怨

我不懂
耳壁早已因雷鸣震聋
已听不到
和悦的叮嘱
只痴迷于自我的表白
怔怔望着月光
就以为
占有了每一刻的辉煌

井似温室，难以造就暴烈的风
也不会眷恋风月的瞳孔
偶尔经过
更不屑于井道的宽窄
谁，环顾四处，一探究竟

早已变色的水
沉积的时光，浑浊不堪
更找不出繁殖蛙体的过程

我也知道
砖缝中水滴羼杂的声音
来自偶然的惊醒
灵魂不死，渴念的那阵风
时不可待，失去了强劲的捶击
昏睡里，你只能眼睁睁地
看着它，刮过井口
为万仞峭壁
扑打狂风骤雨的热情

滴落的雨珠
掀起回转的漩涡
你也终于明白
水中捞月，不过是某种奢想
那么，不如破镜重觅
辽远的草原，天际万里
有谁在跋涉，并数着自己的脚印
不论天涯，此时
哪一处不风清月高

2011.1.15

碎花恋雾

碎花恋雾
已看不到飘落的瓣屑
扬起明媚的花舞
广袤云海间
不见从容的苍鹰
翱翔。神化的目光
如一剂琼浆
喷射垂挂的仰视

山,渐渐遥远
森林稀疏忧郁的气息
海子,失去处女的纯静
几尾游鱼
挣脱羁绊的寂寞
激起涟漪
想穿越千年冰寒
无奈树根底躲藏的卵石
交错惋惜
阻挡了应该的去处

如镜的水面,映下破碎的空洞

叠影,担不起沉重的幻觉
裂缝中,坠落的花枝堵住了间隙
拥挤的几滴泪
哗变虚拟的清泉,流经草滩
惊起白鹭
谁,莞尔一笑,任其遨游天空
无言可说

我也沉默。惶恐的神色
掩饰此刻的心事
月色下,再也控制不了正常的思维
我已窥破其中的秘密
潜伏的梦境
拖曳微光,悄然隐没花草之中

花碎,雾浓,人离,别有一种恍惚
就此告别山野
为蝶恋,蔫缩秋日的残影
一堆风化的翅膀
覆满如绒轻软的枯叶
编织一张网
感觉暮晚奇异的悲情

是谁,心绪不佳,照常将花瓣抛向天空
怎样的通灵
才能挤尽有毒的汁液
看透人性

有人早已睁开惊奇的眼睛
清晰地记忆着
山坡上
再度盛开的花朵
欢欣的采蜜

      2011.1.11

蛙　鸣

若一片青叶
甘为阳光的宠妃，灵魂
就能抵押给舒展的莲
旋转风琴的韵曲
消失所有弹指的疼痛

叶尖上，两只青蛙
流畅的悄语
浇灌云天
栖居的诗意，只为晚霞
打开一扇自然的窗口
已没有多余的担心

五月，潺潺雨水，在高处
感受终身的向往，一袭青衣
四面楚歌，谁敢把
着陆的一份热情
分叉，一边渗透我的骨髓
一边垂落血红的光谱

我已看出

排列组合的秩序,蝌蚪似的音符
正蠢蠢欲动
从不计较前因,也不在乎后果
十里之外,喧闹的水瀑
若没有愉悦的过程
那一片蛙鸣,谁识得雌雄?

           2011.4.25

知　了

知了，知了——
若真的知了，且让
夏日的风，缱绻树笛的天籁
于手指间
弹拨窈窕的尾音
让持续的柔媚
释放寂寞里，一棵树
独特的回声

云已不见。谁，死守鱼族的玻璃缸
在透明的镜像外
围截烈焰的季节。青草湖
茂密的水草，魅惑时尚的刺青
叶卷斑纹，更深地碎裂阳光的叹息
远处的虫鸣，不羁地
演绎惊世的交响
有一盏错误的灯，慌张内心
月色下，疑作江南夜雨
被赶往沉睡的小镇

牧童累了。伏在牛背上打盹

半闭半开
只有漆黑的想象力
暗影婆娑
弥合少年最亮的母语
一瞬间，书写的记忆棒
纵然如狂草
暗藏力量，若没有硬度
即兴的表演，招之而来的
无非是嘘声一片，羞作署名的琴台
狠狠地，观看秘戏的遭遇
却一无所知

知了，知了——
若真的知了，我也会释怀畅饮
一壶酒，一杯茶
偷觑一场雨
夜祭寺院的冷落
早该结束的，是否因缘未了
此刻，温柔的成熟已成一种情结

2011.5.21

向日葵

　　——给凡·高

一脸蛋的阳光,在田野
敞开心襟,撒欢
温顺的风,延缓成熟的魅惑
盘中黑籽
藏匿于金色叶瓣
不再掩饰昂贵的绚丽

有人挂起那幅不菲的名作
让虚胖的讲解员
任意曲解背后的故事。川流不息的人们
倾笑不止。那些方言
龃龉含糊,只听懂一个地名
——大溪地

我想起,太平洋上
那个小小的岛屿,四周蔚蓝一片
唯有母亲一对丰乳
裸露暗红的肌肤
一年四季,直射光照

干涸了岩石旁的茅草

等待夜空炽亮,星星却很少
山泉流经贫乏的心智
勾起愤怒的冲动,干扰丛中的虫鸣
凌空而起的恋情
有些晕眩
眉间,醉滴白色的浆液

远处。海在呼喊,帆已远逝
谁把退潮的贝壳
丢入碎沙间,生死一瞬
谁耀武扬威,暗荡跋扈
只听一树翠叶,细雨淅沥
有过约定,却忘记了
应该留些什么?

2011.5.6

风月无边

黑夜,寂静安谧
江南的风月,幽清空远

菩提树影浓郁。秋蝉
蛰伏离别之间
紧缩温顺的翅膀,飞翔
已不存想象。寒风吹过
临冬的雪
把水中之月,凝入冷霜的镜中
欲望的光芒,无奈,揪起了我的心情

防风墙内,一枝腊梅探身而出
阻拦低垂的眼眸
不愿沧桑
滴入其中,嵌深忧伤的迷醉
我,并非墙角
蓬头垢面的乞丐,讨要三分诗情
卑微地,拣拾七分风月
祭奠错误的往事

孤独,不是湖岸唯一的景象

美人蕉的落叶
只因秋雨次第的清洗
才枯萎了天荒地老。藏匿天空的阴郁
无从回望幸福
所有草坪,沾尽秋露
囿于夜色的庇护,乏力地
休止娇弱的形体,潜入的秋虫
啃噬酸涩的心
失声于呼吸
苍白的诵读,被落地的秋花
释放沉重的空枝
找不到平衡的木马,注销证据
淡扫蛾眉
谁有仙风道骨?

每天,与你耳鬓嘶磨
看着湖上的鸳鸯,唧唧私语
便知岸边的垂柳
依旧拂着夜半的朦胧
每天,与你擦肩而过
最为熟悉的石径
几许陈香
散自半开的窗隙
偷窥的那个人,为什么
琵琶遮面。或许
我的失神,因为飘逸的琴声里
暗含着某些伤情

我,不能回答,也不想回答
静问风月,遥望树林
表白的另类缱绻与妖媚
不再忐忑远走

            2011.10.1

镜花·水月

镜花。凝练艳影
冷石与松土栽培的枝干
皱紧片片翠叶
垂向阳光的吝啬

一个男人,苦望屋中撂起的闲情
找不到舒展的角落

水月。揉碎宽阔的视界
弥漫轻盈的尘粒
幻象中,一缕清淡的光芒
无法穿越映池的伤痕

一个女人,手托酥软的莲花
虚幻之美,更难投入阴凉的背景

镜花。水月。那些赞美的诗句
拒绝到达丰硕的终点
甚至不敢找出最敏感的理由
接受风化的波澜
为不朽命名。那么

就用最深的记忆,掀开密闭的仓帷
搜寻一幅静夜的画卷
锁定柳影山色
花好月圆

            2011.2.15

泸沽湖

山静。晨曦微露
冷峻的目光
穿透云雾,逼迫视野散泊的迷茫
尽显峥嵘

落水村边,碎石的小路
依徬碧蓝湖水
衬带一尾尾寂静的冷鱼,泅水而往
泛鄹的涟漪
眷恋猪槽船轻柔的划桨
银光熠熠
漫向岛心的孤寺

上岸的游客,背挎皇家的布袋
施舍神秘的干果
旧时土司的爱情,美作传说
不再周旋躲藏的迷影
屋前,扶桑摇曳万种风情
花蕾排遣千古惆怅,高原之巅
围困的凉夏
倾圮的瓦窑,把受伤的途径

归咎于祈祷的失控
我,开始怀疑宗教的力量
为什么
阿夏与阿都穿檐而过
佯装祭神的样子,却托盘混迹于崭新的街区
数着鱼篓垂死的躯体
为生计,拉近你我的距离
漠视的炊烟,绕了一圈
又不见踪影
谁,接受固执的品味
把故事的碎片,一一串起,无法弥合
树阴下,贫穷浸沉的梦想
被冷酷所拒绝
折断的烟杆,熏焦的痕迹
十年,或一年;一月,或一天
一个时辰,或一分一秒
已断不了未尽的情事

我,惊叹高原的奇秀
又害怕被世俗
捂住嘴巴。我说不出
哪一种爱,需要心坎的澄明
才不致窒息守候的幸福
甚至偿还
属于你、属于我的情感之债

2011.3.19

古 琴

屋后,翠竹掩荫凉亭
只闻淙淙溪水,流向远方
倾抒怜风的蛙鸣
抚琴的孤寂,拂湿雨中幽径
望月的宫女
手持暗红色灯笼,故意放慢脚步
感觉无声的落叶
山里的孤美
被一夜静思劳瘁,带走十里星稀
风轻。迷幻的花丛
摇醒昏眠的蝴蝶,跌入流觞
眸湾的醉意,淡淡地
划破晨暮的视角,几滴泪花
倾倒唯美的悲情

从号钟、绕梁、绿绮、焦尾
奏响的四重弦乐
耗尽袅绕的柔声
以魔力,赋予琴台
将逍遥之梦
深藏古旧的乐谱

借口不弹，却陷入枯竭的冥想

在沉默的青叶中

随意摆弄艰难的姿势。指尖守着的深秋

已无法探出叶脉的密码

竹枝间，滴血的鲜红

舒缓减弱的节奏

水煮的雾气，迅疾合拢

罩住裂开的伤口

与肉体交谈兼治的办法

却被树洞里窃喜的狐狸

氤氲摇曳的寒影

那双狡猾的眼睛

在黑暗中

小心翼翼，搜索忧郁的月光

挣扎失忆的灵欲

不识琴心，焉知愁绪？

那一夜，我触摸蹦跳的心脏

为什么，骤然着迷艳俗的语词

不等寄托

已消化轻狂的故事，爷爷的稗史

至今流传

2011.3.23

水中月

皓月当空,卧伏水中
棉线似岁月的光纤
丝丝、缕缕,层层、叠叠
牵出水面。残枝清幽
一抹斜阳
倾照夜泊的心绪
去远方逐鹿暗藏的情境
鸦雀无声
卸下无力的翅膀

有人收起帆樯
把爱情的独白,供奉于神台
以宗教的礼节,祭祀盲从的灵魂
跪拜的主人
离我多远,已不需考证
这与月亮无关,更与朝圣的境界无关
只听得木鱼槌声,彻夜敲击
另一种离情
悄然而至,隐没眼睛里攀满的血丝
到哪里,才能找到今夜的月明
林间的暮色

难耐寂寞,只为乏味的悲伤
扫尽一秋落叶

此刻,我不再孤独
透亮的微光
集结一盏盏灯笼,挂满山径两旁的树梢
映红遍野杜鹃
秋染金黄
我一路走来,渴望赢得绝世的赞赏
谁,违背生命的密码
只为甘霖雨露
采撷怒放的心花。转瞬之间
又去责怪
天的高远、云的淡泊、海的辽阔

不要凭空捏愁。每一次亲密伴行
总会有欢跃的清泉
作我滴水新娘,让凝情的一刻
拥抱鲜艳的花篮
手拽白裙,捧一束玫瑰
走向红地毯的中央
托付一生不变的许诺
若再也看不到一点希望
又如何敢把
赤裸裸的胴体
暴晒于阳光下的沙滩
浴蓝海天一色

妩媚绰约的风姿

皓月当空，卧伏水中
早已相投纯真的笑容，谁还会
拒绝午夜的祈祷
爽朗的日子，一排雨燕飞掠云际
将一幕壮观的景致
秘密地，摄入月光的记忆匣
抽验的乡愁，让渴念之谜
成为不解的幸福
在旅途，无需暗示
就已静静燃烧，再也无力对抗

2010.10.23

晚 秋

霜染杏叶,飘坠密径
如蜿蜒的彩带
逶迤远方的静影。欲望的画面
闪浮游灵

恋秋的寺顶
遒劲的苍松,袅绕云雾
萧瑟已尽
谁,诵经念文
木鱼脆声
回荡梁檐。一些燕雀飞过
却躲不开门外的风景

一次祈祷,足够打动
秋荷的心情。寺外
池塘放生之水,入透明澈的眼睛
如镜。枝叶上
布满黑疵的蔫莲
映照一筐,脆弱之尘
被黑夜蒙蔽,不敢抖动俊美的云海
水色溪光

错过梦的仙境
收留的颜色
在暗处,甚至背面
看穿藏起的秘密

沉潜的鱼,归隐泥淖深处
水草颤抖,芦絮纷飞
谁,坐看奇绝秋景
千种结局,如赌注的筹码
任指间的钥匙,开启裂变的生命
割不断的惊恐
刺探秋的无力
更漏尽雪中的冷艳
谁,把岁月的风度
拴在回顾的宅院里,那一片片落叶
虚设的轨迹
只在暗中逗留,虚幻的造型
被痉挛的食指
轻轻一触
散成醉眼里的波纹

那时,我听不见绘声的爽朗
也看不到绘色的雅集
踩碎的天空
飘飞无奈的寒意,回眸
几滴冷雨
湿了嘴角的含笑

轻磕石板上未曾整理的细节

2011.4.28

辑四：江南味道

沙溪，沙溪

沙溪非溪。如周庄非庄
同里非里、木渎非渎、千灯非灯
千年古镇，有人追溯它的历史
只为揭开唐宋以来、元以来、明清以来、民国以来
江南名媛的面纱
以临水的高贵、临街的典雅
面朝蓝天，身入幽巷
抒写隐喻的时间

古桥下，水草碎作河叶
责怪水鸭，不识鸳鸯秘戏的情话
只对伸颈的塘鹅，陪嫁羽落的洁白
谁，蒙垢之后，相约洗净脸面
把安息的阳光，重又凝固，成一盏欢宴之灯
俘虏夜空的天籁
花枝间伸展的记忆
一片，一片
似天女散花，安顿于辽阔之间
复制体内的危机

谁，放生更多的鱼类，在通往

海洋的涵洞里，制造事端
让你
重新审视膨胀的欲望
燃尽荒烟，唯一
不被蛊惑的相遇，为破损的莲
补上青色的墨迹，不再衍生逃避的禅意
复杂的，就是辜负了信任
端坐于氤氲的夜色，为一种目的
彻底地，把曾经的寂静
碾压成别人的生活，让来来往往的人
不能轻松踱步，甚至找不到回家的路
忽视的站点，没有注解
指示牌上，古老的甲骨文，偷觑竹片的叹息
出土的陶罐上，深刻的鱼纹
走私迷离的感情
从裂缝中，冒出流动的光
渴望照亮所有关口，无碍通行

我不敢扫兴。那廉价的草丛中
昆虫，已钻入低矮的瓦砾
是害怕即将到来的喧嚣
还是垂青天上的街市。或许善良
已把门闩打开，救助煎熬的月光
你不需要永久的滞留
转身的刹那间，我看见你，擦去的热泪
烘干颤抖的声音，在目送的窗前
意外地，投入怡心的向往

沙溪非溪。爱把诞生的历史
悖逆世俗的苍白，我来到这里
只为诱发阳光下，灿然的风景
密谋一次破壳的愉悦
我不停地追问自己
已没有任何理由
更不愿冷漠石桥的孤独、卧波的禅坐
砖墙边的青藤向往高处
顺沿的花香
坚韧地，抱拥巷间的樟树，与天空结缘
我不再是旁观者，游移目光
只与青翠的枝叶一起，催醒金色的早晨
与飘落的雪花一起，诗梦江南

2011.5.30

古 镇

给你,一片烟雨
谁,回应少女的目光
推开紧闭的窗户
让轻盈的雾纱
撩开别样的心情
只为对岸红红的石榴
如醉如痴

给你,一片云霞
谁,溶蚀轻风的柔肠
分泌薄荷叶的清凉
让空灵的美丽
以更温顺的相迎
只为曲径通幽的街巷
入梦入思

我想告诉你,五月的天空
挑逗的云
给我醉心的时光
一件彩衣,一坛醇酒
一道浅浅的水影

栖居缥缈的诗行
贯穿不分季节的弄堂

知趣的小狗
尾随身后摇晃，一个人的街头
听不见吠声，惊破寂静
天上的街市
看不到日出日落
掌光的人
虚拟灯笼的背景

有人闲看烟雨，云霞
暂别桥上风景
会心地，禅透柳枝的直觉
爱，或愁
记得住，更忘不了

　　　　　　　　　　　2011.5.20

江南民间现代诗歌馆

阳光下,静谧的处子,含蕾待放
你,侧卧南岸长廊,全部的秘密
就在姚泾桥边,羞涩的风景里
粉墙黛瓦
如画,尽收眼底的美丽,更令我心水微澜

诗意江南。一小片灵动的水墨
呐喊远行的蔚蓝
悄然伫留。准备的桂冠,躲入小楼
侧耳聆听加冕的欢呼声
很难辨别光芒的去处
沿着戚浦塘,转几个弯,我看见小镇依稀
魅力弱化疲倦的眼,折射的波光,潋滟
闪烁迷人的古朴
窗棂的漆香,萦绕清淡的记忆
紧随老人的童颜鹤发
飞翔狷秀的题字
非凡的杰作,悬空舞蹈的红绸

那些素不相识的诗人
赋予呼吸新锐的空气,吐故纳新

润泽思想的原野,不为静默而生
那一低头的温柔
在五月天,旧式的议事中
雅集别致的礼赞,升华另一种诗人的风度
不祈神,也不祈雨
只为岸边的美人蕉、石榴花
簇拥梦的江南,在水一方
逾越虚构的时空

藏于屋内的紫檀,一股沉香
引来无数蝴蝶,诗的礼堂
围挤复古的吟诵,绕着精雕的木梁,青砖
余韵潺潺,挥动极致的时尚,告别即是一次疼痛
李白醉了,湘妃不愿沉入沙溪
杜甫瘦了,燕雀不弃折腰的斗米
商隐的锦瑟,暗恋庄生逍遥的晓梦
杜牧的指间,童言无忌,不知情为何物
而适之的一念,绕了地球一圈
又回到出发的地方
志摩的康桥,暂别云中的轻愁
早已不再唉声叹气
望舒的雨巷,丁香姑娘已走尽街巷
冯至的桥上,隐蔽的心事
被流水撕裂缝隙

入诗,不必感叹真实的想法
入书,不再拘泥纸上的词句

入画,不须淡化线描的粗细
是时候了,该让每一个人都知道
江南沙溪,溪流存诗。游鱼,滴水穿石
沉甸甸的收获,只为妙语折叠凝重的扇柄
江南诗馆,馆中藏诗。壁上,涂鸦的个人史
风花雪月,不再扭曲典籍的印迹
那是颠覆灵魂的集散地
一纸遗嘱,只为最爱的诗徒和美人鱼
光宗耀祖,缩短善与恶的距离

夜奔沙溪,临水照镜
人,或鱼,或花,都失眠于出轨的心

2011.5.27

印溪留白

日照印溪。天高云淡
一条思念的河流,守护乡恋的岸堤
两排明清古屋,倚水
呼吸遗存的沧桑

从姚泾桥到白衣殿
不过千米距离
屋壁,攀爬的紫藤已轮回几个春夏
突然返青
我也不知道是什么道理
当年花伞下
细妹纳鞋的影子,激活哪根神经
令蟋蟀对鸣,灼烧我的悲情
递送奶糖的少年
撩拨一节情澜,从弯曲的河道里
寻找青莲生长的欢喜

翻开书页,夹缝中
糖纸的背面,静候张望的白兔
密闭乳香
只剩封情的惘然

催促骑自行车的信使
把两枚紫红的枣核
嵌置发闷的窗牖，垂雨的玻璃
间隔棉线一样
持久的注目
弃地的纸鸢，萎蔫瑟缩的翅膀
再也飞不起
朝阳的心情。是谁，蓦然回首
凝视河面上的布景
外乡人笨拙的动作
飘荡木舟的迟疑
一圈圈湿润的水纹
尽收沉默的橹沿

一切不曾开始，又如何说
该让一切结束
奢侈的怀旧
有悖情理
也抹不去船娘今生的记忆
我可以告诉你
蓝青衣兜里
暗藏的百音盒
为什么，没有轻灵的颤音
甚至，低胸的裸沟
正处于尴尬的对峙
闪亮的银链，渲染情色的魔幻
交换的视觉，隐蔽衣领暗处

看不见皱裂的想象

事与愿违

迸射的一束光,落入贪婪的陷阱

犹如捕获的猎物

眼睁睁

被白炽的盐巴,腌制,甚至风干

锁入保险柜

虚为极品的文物

我,愧疚不已

谁,以行舟的方式

为自己赎罪

河岸边,一朵云

无奈撤离

有人捆扎稻草人,设防灵鸟的侵扰

悄悄支撑的淡淡光芒

为什么,任由恋空的风,怜惜荣耀

不管迷路、不管忧伤

只在印溪的留白

捕捉隐逸的日月与星辰

跳跃我心里的

不仅仅梦幻般的诗境

2011.5.10

上海,偏北,太仓之城

上海,偏北。五十里外
一座小城,以江南自诩

云藏高处,如水幕垂立
挡不住激情的秋舞
稻菽金黄的季节,暖风送入
椭圆形的天穹
一群黄雀叽叽喳喳,飞来又飞去
碾轧的米粒,晶莹似玉
却堵住鸟儿细窄的嘴口,挣扎的结果
滴血无言

谁,打开旧城的墙门
漕运的河面上,帆樯林立
不曾领略的美
沉入夜晚的呻吟
隐约的乡愁,从箫声中
串挂灯笼的寒意
歇脚的船工,胡须花白
哀叹春光,惊鸿一瞥,恍如短暂的神迷

光轮的背景,漆黑一片
看不到额际上
一缕卷曲的刘海,辫梢后的玉簪
梳滑手指间的晦暗不明
低于月光
如薄荷叶的清凉,四处弥散
花球上的飞絮
扬起缓慢的午夜歌谣
我听不懂,更不知为什么
恬静的夜深
天镜拔高竹节,映出寂影
池边的明净
想把水底的碎瓷挽留
一种怎样的温度
如我,以更猛烈的方式
倾慕爱情
却投入倔强的感受

所有阴影,被窗棂的暗格
吸附失语的心酸。壮丽的晨曦
透过眼睛
把颠倒的照片扶正,草丛里
那个人的笑容,深谙风的豪爽
旧石凳、古炉、折扇
粽香、蟹肥、女儿红
甚至小桥、流水、人家
以及迷路的诗

逆旅受潮的忧伤,从渡口
穿越睡眠,远行
越来越远

上海,偏北。五十里外
还有一个人,安抚空寂的仓屋
吹灭灯火,遥望天际
突然,发出惊讶的叹声——
你看,星空多亮

2011.8.25

春至江南

谁，悄然等待南燕归来
在摇橹的叫春里，荡舟
潺潺流水，舒朗心情
逶迤晨雾中的廊棚
漫溢快乐的呼吸

水桥边，俊俏的村女
蓝花布衫
溅满闹春的水珠
洗菜、淘米、捣衣、生炉
一幅江南生活的场景
映衬河岸的垂柳
如画，蓬荜生辉
新趣，飘来敏锐的气息

古宅深处，已看不见大红灯笼
悬挂的影子
一枝红梅
探身青砖白墙
与风争艳，掠尽田野宽阔的视线
遂为绝景

有人从桥上走过

静水如镜

跌入慌神的阳光,波粼四射

向着三月

摒弃冬日街景

却暖暖的,穿过翠柳

攥紧我心

        2011.2.10

春 思

翠竹掩荫凉亭。谁在隆冬之末
织雾的山峦,暗藏蕙兰
沉眠已久的风景里
蜿蜒的小溪,举翼击水
趟过的地方,空灵幻声
似一曲舒缓的歌谣
从天际飘来
飞越矜持的林圃
间隔的花草,舞动柔媚的叶瓣
拍打记忆
潜伏的季候,招惹密须
扎根泥土的深处,不入浊流
更不需要梳理、或者裁剪
转换的岁序
温情阳光,倾泻耸立的山坡
托起翠郁的树林
俯视牛背上牧童的靓影
一支短笛
吹奏浓浓春韵

油菜花开,金黄灿烂

撒向人间慕春的香氛,感召蜂蝶
与大地争宠
领略骤降的惊喜
眼前花枝
还在静静吐蕊,迎风
保持优雅的姿势
为你,疏离隐约的愁绪
不再伤害
田野的花草与虫鸣

何处躲藏?且乘暂停的间歇
允许我
揉一揉蒙眬之眼
邀约钟意的清风,抚慰过往女子
问一问持续的时间,为什么
只为美丽心境,祈求永恒
默念两处风情
更与谁说

2011.4.8

红 船

从南湖浩渺烟水中
驶近的红船
篷顶,有一团火焰
正燃烧七月的欲望
岸边,伫望的老人
沉默不语,镰刀和铁锤
崇敬心中的信仰
微微吹拂,摇橹送上一程坚定

艳阳下,有人
为一睹湖中鲜润的红菱
出水探影
惊讶于光芒的奇迹
当年帽檐上的红星
闪动灵性的辉煌
一朵朵,缀满
所有走过的街巷,没有一种语言
可以湮没生命的亮点

大爱无痕
怎能尘封树荫下的往事

看挺拔的姿势
不再拘束陌生的眼神
远处,隐约听见的
杜鹃啼血的嘶鸣
如雷贯耳
彻底震醒漂泊的灵魂

纪念日,丰碑前长长的人流
不再扼腕叹息
悬空的太阳
在每个人深盈的思考中
正孕育一轮新的喷薄

2011.5.16

中山陵

低头,回觅归路
唯见翠柏遮荫
蔚蓝的天幕,光影
约定雕栏的幻射,灵鸟唧唧

一些人,穿着旧式中山装
拾级而上,蹒跚的姿势
怜惜深秋的风声
紫金的雾霭,便沉入空灵的远方
不再蔽目
惊动车水马龙,一如悲壮
传说百年兴衰

拜谒如神,肃穆为敬
花岗石的碑铭上
天下为公,熠熠发光
那是临界的超越
一座雕像就是一个不灭的传奇
履历的屐痕
从檀香山到维多利亚港湾

从黄花岗到武昌城

从芝加哥到伦敦桥

从上海滩到燕子矶

钟毓一处

只许一个未来，鼎鸣浩气

为你陵寝吟诵爱的诗经

甚至恪尽职守

抬头，登临九重高处

但闻秋桂清馨，馥郁于心

松涛阵阵

醉造风景入云，幽远

却有心中的你，不啻而降

2011.8.15

辑五:江南季节

立 春

风恋乡野。在碧湖,青翠欲滴间
悄悄渗透春的气息
牛群悠然自在
贪婪潮湿的草泽,一片幽绿
覆盖盈盈足迹

谁,忍心抹杀这春令的情景
垂柳几行,拂掠袅娜的影姿
召唤玩耍的村童
几声笑语,似天籁回荡云间
有人举壶爵,斟酒酹地
叩拜瑞雪丰年
斑斓色彩,粉饰并不普通的日子
镶嵌奢侈时光

有谁与彩燕一起放纵心情
阳光下,为未来人生
青睐舒畅的春天
芒神,打造原始的心境
收敛沮丧。无畏的雨
浇醒绒绒小草

爆裂芽苞，缤纷叶尖玉露

是谁，攥紧着我的手
掌心，一阵阵温柔的惬意
停不下点点记忆
蕴涵刻骨的倾心
哪一种萦绕的缠绵
会愿意
放弃万点飞红
阻拦春的到来

2010.9.20

雨 水

碎沉心底的
岂止一个雨季的湿润
柔情蜜波
澄明满枝绿叶,风吹朝露
穷尽毕生的惊艳

树丛间
已找不到彼此的空隙
背山的幽谷中,一棵棵多疑的树
隐藏倔强的性格
谁,笑听弹奏的弦曲,引吭高赞
自由的旁白,丢弃语词的尴尬
醉了夕阳

我不再陌生,渴望走进灵魂的深处
把山脊的旷古绝伦的恋曲
移送于无悔的谛听
篝火潋滟,轻泛热烈
携手相舞,十里长袖
谁说带有某些惆怅?
擎举的火把,光耀内心的盟约

印证的激情，燃烧明亮焰火

来时小径，人声鼎沸
谁也辨识不了
哪一个脚印，曾经漂泊伤感的喟叹
渐远的背影
无人牵挂，消失于树丛的空地
雨，停下落寞的倾向
雀跃于山涧的沟壑
奔涌一路心情
迟来的风，弥散盐涩的腥味
一股暖意，隔断慵懒夜光

我，恍然彻悟
时光悠逝，从不会再来一次
一弯月牙，只借清辉
传递相信的消息
我不能沉默，附庸风雅，只盼
风光百媚
甚至暗随波澜，闯尽天涯

2010.9.21

惊 蛰

等待很久,才闻雷鸣
受惊之马
扬尘草原,远近的清瘦
或明或灭,直到恋恋家园
看不见白色的围栅
毡房湮没于旷野的背面
持缰之手　印红血记
盖不住牵缚的伤痕
变形的脸
扭曲天象的无定

蚂蚁悄然爬出树洞
青蛇游走刺藜的花圃
雨燕轻掠散落的浮尘
从不自卑的阳光
捅破密封的云层
颤动热烈的邀约,在胡杨林
抚慰剥蚀的夕阳

且容我停顿片刻吧,写下这首诗
我不会忘记脚下的土地

布满青苔的小径旁
低矮的植物
正被树阴渗透清凉
再也没有人能取走
每一颗被雨水抛光的鹅卵

从现在出发
我会原封不动,以俯取的呵护
隐动内心的欢喜
仿佛爱情鸟
只为你存在,滴血的嘶吼
只为你
完成一次受精的历程
抵达坚守的美丽

我扶着你,减轻彼此的重力
让时间的背影
浓缩生命的力量
捍卫山野风的引领
从山峦到湖泊,从高原到大海
甩亮的鞭子
紧攥一个莺飞草长的季节,爱情
翩然而起
凝望的视角
不见鸟、不见燕、不见蝶
只有想象中的苇叶
刷新一片深秋的赠予

儿女情长，在双眸间，回转感动

看见的，一道闪电
在日暮里投射光明
听见的，一声震雷
博弈云层渲染的苍劲
我，已说不出今生今世
该不该相互谦让，但已确信
未来，不再是幻影浮梦
垂在半空
谁会跌落红尘？像两只羽化的彩蝶
只留恋爱情坟上
寄托的草青，再也不愿蛰伏悲伤的阴影
叶笛奏罢，极望天西

2010.10.5

谷 雨

天空很明亮
却被细微的尘粒
嵌蔽了间缝
光,已透不过小小的距离
便让心,沾上雨滴
让冬眠的寒风
播撒愁怨

一颗萌芽的种籽
伫立清晨的树梢
结缘隐秘的期待

不见了阳光
谁,还敢走在大路上
看女孩
天真的笑容
凝为一片清纯

梦见的,似如虚幻
却在陋室的想象中
转换逻辑

垂帘隔着篝火

燃放紫焰

怀念朴素

忍不住

收集炭火

一点一点

抛向天空

掉落

秋的霜染，浴白天空

且让湿漉漉的魔眼

贴着冰冷的玻璃

聆听雨的醉歌

看世态炎凉

捕捉妖步，舞动影子的袅娜

如果你不甘

就别让幸福的云游

只是一场游戏

不为相随

还能在春天的诗集

排列一行行嫩绿的恋意

然后，读你千遍

然后，想你一生

2009.11.10

春 分

忽然间，发出的一阵轰响
令人讶然
我，寻找来去的方向
却被疾驰的车辆
惊吓，躲入公路旁幽绿的原野

树木郁葱。春意盎然。天空
快乐的飞鸟一掠而过
行路人，已听不见自然的箫声

别转过身，依恋身后的曲径
那里，鸟语花香
早已没有移情的份额
走过的，必然走过；回望，也毫无意义
往前，才有不弃的牛羊

你看，一群蜜蜂，嗡嗡作响
叮蛰的蕊心
到处溢出浓烈的汁液
畅饮一口，便醉了焦渴的心
温馨，一定有什么难处

才留下茫然的欲望
慢慢抵达油菜地
散透的千层花香
为蓄谋已久的江南，恋慕春景的繁华

谎言也坚强。是因为有爱
才会把春天的脚步
隐藏。那样深，那样深

2010.4.6

立 夏

白云擎天
覆盖整个夏天的情景
漂泊的阳光
投下几笔水墨淡淡的线条

桃林正红,荷池舒青
岸边榕树
藏春的嫩叶明净
端详人间美妙的奇景
为谁装扮的容颜
灿烂笑靥,不见丝毫迟疑

谁掩去羞涩,翘首远眺
海市蜃楼
御云而来
疑为蓬莱已近
有人倚廊沉默不语
半梦半醒之间
骤升一阵惊喜

我,已无心闲游

蝶舞的恋歌

醉我神往

初夏闻香祈望

施点胭脂

洇染绯红双颊

谁不解风情

欲把仙子赶去远山

罩住一幕落差的静寂

交织的悲欢，早已褪去层层青苔
山水喊亮我的名字
随意嵌入花瓣与枝叶
欲望间，浓郁的至情
迎着梦
一个人笑出的声音，爽朗而痛畅
谁听不见
激动之心的回答

2010.11.21

中 秋

月光,倾照悲欢一刻
早已散尽往事的疼痛

月圆,不屑于世间的离合
芸芸众生
制造着爱的情节
浪漫背景下,遥对月宫
天上人间
该演绎一个怎样的故事

桂酒飘香。云中
醉了举杯的汉子
袅绕的思虑,漫过天际
冲淡着现实的境界
谁说,你无言我无语

我又想起
年迈父亲念叨的家常
再度恋上安谧的荷塘
轻风吹醒月色
一池涟漪,倒影粼波

一起走出古典的记忆
墨绿的荷叶，洇染温柔静夜
一垞又一垞
悄然而至的祝福，驮起两盏笑窝
藏着持久的真情

聚亦难，别更难
且把蟠桃和蜜枣奉作
上等的贡品，祈望吉祥满月
深蕴一瞥
让所有眉间的困惑
淡如月光，激荡欢欣的节庆

今夜，不必流泪
乘皓月当空
只把细碎的日子，一一盘点
应允未来
有一种心情，属于自己
以快乐去签署感受的醒悟
耐人寻味的回答
便惊异于最美的表达

2010.9.12

辑六：题外诗

以诗为眼

诗性江南
必定会滋润慧眼
储藏
二月嫩绿

让江南的风,吹醒柳岸
摇曳快乐的枝尾
塘鹅,扑入池塘
扇起悠扬之舞蹈
满树桃花
修炼固执的粉红
轻送一吻
牧笛传送
乡村特有的谣曲
水牛背上的童年
你看不见,却寄托着
我心中的惊奇

远处,炊烟隐现
有人叮嘱,不绝于耳
回应风的细语

不要迷醉凝眸的深邃
与我相对
所有的衬景
早已作好最真的回答

谁，在雨中
扯断密码
一朝投入，哪个人
不见坦荡的微笑
捕获的丰盈年景
鱼，非那条鱼；鸟，非那群鸟
风，非那阵风；云，非那朵云
却怜我垂钓的心情
被炽烈的诗句
燃烧优美的吟诵

盛情的一次邀约
回旋敬畏
频频摇动心壁
一草一木
从四面八方
放射诗歌的光芒
照亮了诗人身体里
盛放的百花
所有想法
从容赞美，已不期而至

以诗为眼,看透绝唱

不再行梦

或者乞讨

只把爱恋的一切事物

蓬勃萌芽的心结

直到郁郁葱葱

         2011.2.8

生活片断

几片纸叶
被晚秋的金色染尽沧桑
坠落的刹那
割不断的情绪
无语泣别

冬天来临。雪，漫舞天际
飘过密枝的赞叹
垂诉猜想。今夜
月光皎洁，却躲不了云雾茫茫
笼罩的幻象，苦涩不堪
偏偏又紧闭心扉
有谁，能穿越隔离的木栅？

更多的戒备，源自
虚弱的惶恐。胡同口
有人拐入另一道陌生的风景
早已难辨隐蔽的年轮
槐树黯然，更怕你走过
不识流香的踪影
捋发的那双手

颤抖不已，难以清理早先的欲念
甚至点破虚假的承诺
更无从喊醒随生的梦境

谁将安享的幸福
拉扯得更为遥远，连星空
都盛不住点点花焰。夜幕下，
戏台的空气，渐渐稀薄
晕倒的角色，唱不响民谣的风情
卑琐的呵护
也只是一缕被弃的烟云

是谁，理性的感悟
只伸出一双手，便遮蔽了空旷的原野
是谁，贪恋虚荣，守着月亮
惆怅不尽的夜色
是谁，饿瘦了猎户的星座
沉入自我戕害
是谁，圈点悲伤的眼泪
被落下的雪，幻作两行白色的寂寞

远处，巍峨的山峦拒绝壮胆
逶迤前行。只为石岩上
几只蹲伏的夜莺
神兽的虚名
在月亮背后，缥缈不定
暗自蹙额。夜半风清

惊动仙道
把片刻的记忆
深藏缄默的影中
有人企图修正轨道
缚住偏行的风骨
碾碎忧伤的泪雨
为一生的执著，殉身谷底
点化尘世的灵魂
无奈四季更替，开始或结局
都归咎于最初的坚持
不眠之夜，谁睁开双眸
凝听天空的嘶鸣

谁又想起平静的村庄
它从不埋怨游子的迷离
真诚的回应，让我殷实终生
再也不愿看见
落叶瑟瑟
秋尽冬来，去问问大地和天穹
阳光，正穿透明媚的云层
停歇驿站，凉棚虽很简陋
却给足自由的温度
匆匆人生，百转千回
绝不会有丝毫悔意

2010.9.25

灯　下

不眠的飞蛾，扑火而亡
停燃的蜡烛染白成石
冷色的夜晚
暗疾汹涌，揪动静候的残酷
谁独自面壁
悲情不止，又黯然无语
那梦境，无从如愿
沉睡时
一缕金光丧失的
岂止是激情

睁开疲倦的眼睛
窗台上，被忽视的
一盆夜来香，带来训诫的谶语
羁留的鸽哨
啄破庇护的围栏，向着远方
开阔伸延的视野，发生的事
消灭了忧伤的记忆

最高的玄机，约定宠幸的龙恩
把风煮沸，奔放滚烫的问候

谁在呼唤你的名字,不等蜂拥而来
我,早已激动不已

            2010.10.4

生 日

一个男人,凄迷的眼神
紧盯一袭紫红的裙衣
遐想生日的闪亮

咫尺之遥
却按不住迟钝的未来
被主厨侍弄的杯盘
捏碎柔软心肠

不见了刀叉亻亍桌台
内心的寂寞
捆绑涩意
找不到充分的理由
只咽下秘密的泪滴

从窗外折射的一束光
委身于闲梦
指尖残留的奶香
被窥视的小孩
调侃战栗的问候

谁把野外的草色染上霜露
一片片雪,被挥锹的盲童
垒成不会说话的老人
缠上粉红的布带
扯不断,理更乱

这个容易遗忘的夜晚
谁能识别断虹垂杪、远山残照
到底有何道理
能把刺骨的寒风
拧断浮尘的影,弯腰折兰
也留不住额外的余香

时维三秋,神驰到彼
凉风细雨,飞雪柔声
岂敢压折园中的藤枝
灵动的一树青鸟,究竟想飞往哪里
或许唯你知道,我还是懵懂不知

2010.10.3

猎 人

狩猎人的帽檐，遮盖右脸
左边的疤痕
索隐时间的伤情
肩扛紫铜的枪
循步前进，森林外
诡异的烟魅，浓烈，无处消散

灰狐，闻到了哪种草香
藏卧的荆棘，挺出坚硬的刺
伤害妩媚之身，流渗的血迹
染遍一丛扶桑，风中晃动

谁的烈酒，祭奠黑夜的幽火
灵魂，不再附体，浮游于
神界的雪山，摇着转经筒
推入虔诚的祭台
为篝火，献奉奖赏的牛羊
巫婆的卦卜，不识深浅

有人看到蚂蚁上树
啄木鸟的洞穴，一层白羽铺垫厚厚眠床

只剩温度，却没有贝叶的文字
触怒招魂的刀剑
挥割草木
谁也叫不醒
闯入的鸟类，一堆尸体
邀陪辛酸的守夜

最后的抒情，在小鹿消失前
赠予荒野一片寂静
不为迷途，只为翻动的日历上
空白的日期
没有画圈

2011.8.17

嫦　娥

奔月的尘女，匆匆
常我向往
急遽透出夜光的迷惘
月色空灵。谁
误传偏差的消息
逼迫云上的日子
无从邂逅桃源的逸情

月宫浮印桂树，一片暗影
从遥远的天边，挂起镜中的轮廓
不见繁枝茂叶
翩跹的疲惫
如时光，埋怨苦闷的追逐
生为女人
渴望永久的感动，却在天庭仙阁
布下炊烟的龙门阵
散不去默然的袅绕

常我所想，便苦了嫦娥
把锁定的清辉
蓄满心底的忧郁

而我，并非吴刚

蒙上醉眼抹上的睫膏

黑黑的，了断半世时尚

为谁挥动的那双手

泪湿花帕

一个男人

所谓的表述

只是贪婪梦想的翅膀

那节故事，为何而来

没有轻窕的主人虚张声势

天上的星星，何以距离遥远

今夜月清

谁恋上白色纱裙

看愁容卸去浓妆，存意念于大隐

寻找灵丹

又让我一生懊丧

或者常我

丢失了女性的偏旁

目光里

屈尊的本质，深邃已久

只有虚怯的叹息，横跨银河的断桥

泪雨倾盆，一泻千里

或许，月宫旁

小憩的凉亭

月光的薄雾

才能找到该去的地方

她，已经不愿
再迷醉于归途的树径
即使余生只剩一道微弱的光
也要把恩爱的收编
相融山水的境界
变更美的方式
让草叶每时每刻
醉卧桂酒的醇香
做伴菊花台
抱一窝祥和之兔
手舞足蹈
看蟾宫落下满天星辉
润泽万象

      2010.11.15

回家过年

肩背沉沉行囊
轻抖
日积月累的愁绪，回家过年
颠簸的旅途
谁撒下温馨的阳光
为村头
翘首以待的母亲
聚焦一帧清晰的肖像

冬天已临，风萎缩寒冷的痕迹
冰凌花
垂挂枝节，折腰的欢喜
倾尽幸福
驱动记忆中鲜明的感觉
谁，不远万里
捎带红枣、桂圆、莲心
煮一碗思念的滋味
不再酸涩
甚至，撕碎当初的幽怨
把远游的憔悴
浸脱怜悯的影子

只是回家太晚,银丝几绺
已难遮掩消逝的时光

回家过年
再去看一场热闹的社戏
那一个踩高跷的女孩
舞动木扇
闪烁迷人的体态
彤红的脸蛋,是否娇羞依旧
是否还记得
爆竹声中,惊吓的童年
片片往事
——掀开
熟悉的,或陌生的断章

想忘记,总也不能忘记
遥望的距离很远
却被瞬间拉近
热情的眼泪,滚落锅台上
那碗热气腾腾的水饺
融出暖暖情意
浓密的老槐树下,摆一张方桌
收拾起旧时心情
一壶茶、一席话
早已离散郁结的苦闷,彷徨的心
再不会沉下一丝惊恐

我看见了春天，新叶放青时节
纯粹的笑声
怦然动心

          2011.1.29

告 别

告别桃花
天空映红的云霞
怎样把一树美丽
轻抹枝丫
让微风拂动灵性
淡泊幽香
然后，浪迹天涯
无悔逐浪

忧郁，不是镜中自怜的哀叹
最后的一缕光影，不会迟疑
沉入夕阳
收尾的鲜红无比娇艳
透过黄昏的寂静
恋恋不舍
幻变一颗颗星辰
又傲然亮起辉煌
夜深人稀的时候
抖尽睡态的诗意

冷静地面对告别

我，把逼近的厄运
分叉，密密的纹路
与你刻画的影像
颤动修正的时光
因为，我想学着遗忘
学会以未来的名义
澄清扑面而来的寒冷
割舍错误，甄别
真实的，或不真实的决心

谁留恋降服的灵魂
敢于把热烈的生命
安置于窄小的新房
一次次，隐藏的告白
溢出最深的爱
我已安排另一个节令
为越来越近的夏天
鼓噪蝉鸣，允许这一天
成疾的阴雨
缠绵即将抛弃的湿润
等着雨后的晴朗
画出一道不朽的绚丽

是的，告别桃林
就是要把落花
葬入瓦砾的暗处
让压抑的醇香

钻出草间的恐惧
从容改换空阔的天地
我看到了,被雨擦亮的日子
舒心地选择青青的草地
或许,这一天
刻骨铭心的
依然是属于我、属于你
甜蜜的回忆

2010.12.20

有些时候

有些时候,超越的信仰难以俘获
面对突如其来的距离
不得不放弃异想
当黄土席卷云天,看不见
可以细微观察的美丽
比如烈日下,蔷薇舒缓的摇曳
比如淡月里,桂树繁茂的枝叶
比如繁星中,哪一颗最亮、哪一颗最耀眼
与静夜争夺清辉的纯澈

山楂树上,翠鸟啄破青涩的枝丫
空留的巢穴
散开缤纷云雨,筑起惊扰的屏帘
花影里,伴飞的彩蝶
耽误了游园惊梦
逐走喧嚣的人声
空空如也
这个时候,我已难锁愁眉
一切心绪
只为窗外叮嘱的画眉
诊断半截肢体

为什么短斤缺两
咖啡店前
服务生递上柠檬
金黄色的汁液,滴入一杯红茶
瑟缩肺腑的痛楚。一片静穆的风景
终极变故的内心,琵琶女崩断丝弦
弹入遗憾的余音。谁,忍不住回首
看踩躏之后
怎样体察决然的冲动
风,正在逼近;雨,继续飘落
谁的嘶吼,声泪俱下
已来不及抚慰片刻

有些时候,我更不明白寂寞的去处
只恨自己
把前世的纠缠
当作轻盈的回忆
接受的事实,宛若易逝的秘密
相蔽朝与暮的睡意
梦如人生
揭开谁的伤疤
才能把旧痕结痂
我又想起午夜的荒凉
单薄的力量,被恍惚的雨
软禁于芭蕉叶上
粘住的感觉一闪而过
随之破灭

悬壶济世，也只是凌空的荒唐

注定无果
就不必停住思考，心底的顽石
早已逾越午夜的忧伤
看那时的天空
流淌的安谧，令我遁去翅膀
夜泊月前
雨潺云愁

2010.10.28

钢琴师

从纤纤十指间,闪动的森林之境
穿越了灵慧的天籁
在那里,惊羡情景的逍遥

云雾散漫,溪流淙淙
秋幻枫色,蝶恋红舞
甚至琴角的雏菊,也不经意地
滤尽一片清香,在屋内
愉悦迟来的翩影

谁,找到了回家的捷径
尘埃落定。风,无声无息
安详又静谧。我看见
窗外阳光,正透彻清俊的双眸
最动感的笑靥
蓄谋已久,早把甜润的光阴
暗藏眺望的身体

那一个微笑,不用恣意
就为映衬的秋色,争奇斗艳
不再埋没心底

漂泊漫长的等待，柔和的光线中
只有你，静静传说
唯一的爱情

           2011.10.22

杏花村

始于唐朝，杏花村的好酒
从杜牧的诗意中
遥指光脚的牧童，牛背上的笛音
布下八卦迷宫
杏花林里，不见芳心的应允
村边的鱼龙桥、渔歌埠、演武场
欢宴的诗人，醉舞不停
六朝长廊
谁看得见诗杰的豪气

那首诗，吟到杏花村
便被偷盗成仙。对簿的公堂上
判官迷离的眼神
难断家事。谁还敢泼墨画舫
染几帧画轴
听一曲清明，归去来辞
哪里有世外桃源

有人脸红。为一瓶农夫山泉
争夺虹影垂波。吟诗台上
现代布景中

牛仔裤、超短裙的花旦，丑角
唱起的黄梅戏
亵渎了千年的音节
雅士不雅，文人不文
沧桑雕梁，已把歌舞升平
戏作游园的玩志
谁，还敢捧出黄公酒，自夸
飘然与淡定
半亩园地，杏花落了
酸涩的果实，酿在心里

谁也道不明
哪种滋味，为一种缺憾而生
或许，天才的杜牧
早知道世间的隐情

2011.10.8

时间，如果允许

嫉妒的百舸，悄悄划近奔涌的江流
怜爱一幕壮阔的搏击
从窄小的栈道上
峡谷中传出的船号
撕裂两岸的平静
风，引诱百鸟争鸣
翻卷千层松涛
不闻猿啼，却有一方红丝巾
悠然，悠然
挥动空山的寂静
隐没旅客的愁情
水中的浪花，行进于激流
闪舞急促的模样
某种凝视，疲惫无语
我听到
苦难的声调中，所有的冲击
被智慧的河川
箍紧我的心，留给生命
一次深思，一次熟虑
以饥饿的方式
取出体内的肝胆

相照目光未及的遗憾

时间，如果允许
我想回到岸上
与桃花盛开的季节
预约一场灿烂的涅槃
野火烧不尽
春草的翅膀，也不会黯然收紧
遭遇的仙姑
早已从现实的园圃中
剪落冬雪压弯的枯枝。逢春的死亡中
也只为松开缠绵的邀约
把光线
投入更空阔的原野
让飞来飞去的鸟类
营造栖巢的地方
不染一尘。树叶间失散的自由
并非赤裸的虚无，落地无声
更与谁坦诚相见
才追赶太阳的困惑
龟裂葬花的瞬间
眼泪早已哭干。挂枝的青果
阳光下，热烈拥抱
晒成彤红的笑脸，修炼秋天的成果
霜降的那一刻，我却偎依于你的身旁
用一颗心
温暖突然发现的景色

我走近你,就想看看某一天
是否江上的风吼
能把你惊醒。不用哀叹乘风破浪的无奈
溅湿的百褶裙内
藏着怎样丰腴的身体
任由花飞花落。我站立船头
如一座塑像,可以告诉每一个人
无影的风
只是清新空气的法器
深吸一口,便会融化更多的尘粒
不需要吝啬,更不需要刻意表白

2011.10.23

小 巷

小巷枕河。薄雾轻罩石桥
一面水镜
映出绯红羞脸
似日晴朗,似月清丽
嬉闹的雨水,溅起朵朵浪花
划船的舵工
放不下蹑手的橹杆
也不知摇向哪里

几只雨燕,飞檐走壁
苦觅昔日的蜗居
竟然改变了模样
甚至不见踪迹,筑巢的草根和灰泥
掉落石阶
滴血的嘶鸣
幻化云中奇特的彩礼
旧时画匠,还厮守着廊亭的额匾
笔墨桃花
洇染遭遇的尴尬。而我最喜欢的
一枝玉簪,已无法安插散乱的辫梢

谁的目光,惧怕时间的碎片
不与万物相比,更紧要的
你会发现,所热爱的生命
正穿越望舒的雨巷
像丁香姑娘
寂静无声,悄悄地
置身于湿润的江南
呼吸灵魂的乡愁

待柳叶青绿
总有拂不去的早春味道
弥漫青石街的小巷

2011.3.11

江　边

尖叫的风
掠影而过。翻卷的漩涡
沉下浪里千帆
无情,更不见底

若为芦苇的嫁衣,风中
掀动一羽伤痕
谁会屏息静气,喊叫
隐匿的身形

不该在拐角的风景里
停留很久,你想
安置流失的时光
却被阅读的方式,惊破寂静
山水之间
没有点点帆影
转身寻你,唯存残缺的泪花
飞扬

2011.9.3

塘　鹅

一些面孔，总在怀疑轮廓的清晰
天放白时
记忆的影像，扰乱一池塘鹅

扑闪的躯体，踩踏磨光的石卵
难以修辞歉意
软体动物，脖颈伸长
拒绝悔恨。我，弯腰
拔去沾泥的羽毛
沦为证据

偷拍的相片，多半因力不从心
却把一切
都联系在一起

2011.9.3

维纳斯

是谁,屈从邪恶的灵念
折断翅膀,把美丽沉入海底天堂
制造耸人听闻的事故
不再说一句话
那些穿梭的鱼群,争艳的珊瑚
挪动的贝壳
宣告清白

流水,无声无息
千年过后,悲伤已平复黑暗之海
入世的季节来临
天空豁然开朗
我只看见
雪白的塑像
被最婀娜的女子
衬托念想

你,呼之欲出
执拗于体无完肤
竟处处柔肠

2011.9.11

秋 赋

秋风起。像一把刀剪
落尽枫叶,安抚走往的树径
天使般纯静
枯枝的树巢里
秘密,严实把守封口
我记住了,候鸟南飞的日期

秋月明。像一张面纸
柔软冷光,近在咫尺
却为谁闪腰?天上星宿,璀璨成群
菩提树下,诵经的道僧心如明镜
香炉烟袅,散不去浓郁的禅味
我藏匿了,打敲木鱼的心事

秋雨落。像一幕淋漓的水墙
湿了衣襟,袅娜的身姿
菊坛边留影。白的、红的、紫的
已没有疼痛的秋天
虫鸣唧唧,鼓足勇气喊叫
我想起了,月亮俯首听从的背影

这样，或许我会平静，风
吹起翅笛的梦想，不分远近
我会在那里，聆听未来的绚丽

这样，或许我会晴朗，月
斜照荷塘、锦鲤，一把壶，随性拜访
我会在那里，拥着月色睡眠

这样，或许我会酣畅，雨
润泽芋苗、菱角、石榴，田野芬芳
我会在那里，摘取时间的面具

最后，坐待的那个人
放开喉咙，呼唤——
秋来了，心沸了

2011.9.13

鱼　缸

透明的玻璃缸内
水波平静，鱼儿平静
一缕光，停留明澈的眼睛
人也很平静
拒绝说话或微笑
它们都期待着
窗外的雨，把坚守的阵地
进行到底

鱼儿被诱惑，不幸撞缸而亡
落幕的悲剧
闯入无知的结局
谁，专注于打捞尸身
喂饱饥饿的猫。灰色的幻觉
把葬身之地
投入沉影的奇想

我听到了
有人洗澡的水声
一股汗臭，夹杂腐朽的味道
悠然而近

谁为净身，从容接替
一如运动的高潮后
从不留下一丝痕迹

人，或鱼
在两个物我的世界里
对视。你，或我
失踪后，遗憾不已
谁最清楚

          2011.9.15

幸福,也会有忧伤

你的笑容,看似灿烂
却在秋天的落叶过后
潜伏寒意
闯入围墙的宅院
留下风,驱遣秋雨的感受
那么多的破绽
你不想识破,只有我探身
以葵花似的向往
修饰青涩的眼神

故意丢失的阳光,从不带矫情
它,到底在哪里
我不愿,只为内心的宁静
储存某些记忆,等待下一年
飘忽的梦
再掀开破壳的梦想

我已过了做梦的年代
森林中,限定的幽径
被碾碎的田野
秘密摘走了花朵

早该占据的枝叶
有许多事物，已藏得更深，更远
谁渴望亮炫生命之风
把我的嗅觉和触角
浸沉于魔幻的仙境
让一身虚汗，荡涤灵魂的卑鄙

谁说，幸福不是忧伤的情人
为什么悲伤的朝露
总在凌晨，暗擦拂不去的心事？

2011.7.17

毁灭的童话

毁灭的童话里
那片遭遇践踏的星辉，黯淡
野兽狰狞的面目
霸占纯蓝之夜，小矮人
失色自然的怨怼
一张脸，四分五裂
沦陷风霜雨雪
衰暮之秋，在不可预料的世界
走近没落。虚幻的空间
放牧的语言，一枚枚
磨损了棱角，被遗忘，被变形
隐身断墙残壁，青草丛中
祭奠的锡箔
冶炼悲情，散落烟屑和灰尘

谁，看懂了这个世界
又号啕大哭
警戒线外，强劲的风裹着
阉割的灵魂
期待天空，信手拈来
一片云彩，或一缕星光

在活着的人世
捏出穿越的风月，返照
旧颊的美人痣
想象干净的脸面
漏尽吊兰的翠白
是谁，披坚执锐
企图阻止恶魔的罪行
执鞭的右手，早已疲惫不堪
垂下反叛的僵局
无从指点江山

我悲，因一贯钱的洞孔深不达意
我悯，因欲望的潜规则显达感官
也许，这就是荒唐的历史
绝世的愤怨中
早把一纸主张
抽往无定的标准，并逼其衰老
从悲观主义的花朵里
攫取情商，酿酒为谁？削发为僧
秃顶上的香痣，刮起风云
一席黄袍，在天地之间
在你我之间
主持超度的盛典，招蜂引蝶

一朵莲花，冉冉升起
盘桓的光环，隐现屋脊顶梁

2011.9.10

印象·九寨沟

一

不怕冬来。海拔三千米以上的高原
见惯了纯白的雪绒
凌空枝梢。一串串冰花
只为寒冬腊月
梦幻的风景,明净空远的心灵
山崖微露的绝壁上
是谁,遣送一匹马
跃腾飞珠碎玉,叠瀑里
一声惊叫,有人把翠海当作蓬莱
醉近人间仙境
几个世纪的海子,依然缥缈
峰峦之间
我,穿行林中小径
生怕踩乱失意的枝叶,把浪漫的叙事
归复平静的季节
这些日子,捕捉的景象

早已忽略了飞鸟、走兽,甚至花草虫鱼
只在我的驻足边,悄悄
注解今生
不敢忘却的记忆

2011.9.30

二

黄色的护身符,把藏寨的九沟
降服。树林静谧,山明水净
秋色别样斑斓。俯拾皆是童话
把那些草,那些花,那些树
还俗一个季节
谁笑着,弯腰的刹那间
拣拾的籽粒,殷实了
深居的山谷
为安身的地方,寻找起死回生的野草
攀缘坚硬的岩石,驱逐风的凛冽
一声呜咽,听来凄迷
却震惊了野外的灵兽
拍打的节奏,与大地,与流水交融韵律
宣告存在的晕眩
此刻,没有一个人
会张望谷底的风景

雪,落下来了。一把伞
难以撑起空阔的天空
几行秘密
披露的,哪会有我的惘然

2011. 10. 2

三

因为孤独。一个人
才恋上海子的真容。捞起的月色
被沉水多年的枯枝
刮损了镜面。破裂的水
再不能静止,跳来跳去
在突然而来的雨中
群魔乱舞。率性的鼓手
捶击呻吟的力量
却看不到树影的移动
我,背着月亮
从黑暗
走向光明

2011. 10. 3

一次,就足够了

——悼张枣

一次,就足够了

枣园树下,忧郁的果子
掉落金黄的叶毯
被阳光晒软细细的纤维
拣不起成熟的香甜
更等不及惊蛰的破土
穴眠的蛇神,已沉睡于宽敞的地床
垒起一座记忆之丘
碎裂的文字,把未能完成的诗章
扎成一堆草青
风中,嘤嘤抽泣

一次,就足够了

通往天堂的云梯,为什么不恋缥缈
甚至断了锯割的念头
你走得太近,太急
才会为花样年华
承担某些人的叹息

你神会的向往，在那本薄薄的册页里
迷惑了心魄的笑容
一串停止的符号，藏匿了三月三
无从记忆的相遇
怜惜的无线电波，穿越云雾
密码成谶，旋转虚幻的字母
镜中，不需顾影自怜
即使梅花落了
也不能再想起一生中后悔的事
想想灯笼镇
早已把雕像搁在哪里
我宁愿
这是最新的假消息
是邮差误递的春秋来信
贴着另一个人瘦弱的相片

一次，就足够了

今年的云雀没有南飞
你给它戴上的一副墨镜，让它迷途
三只蝴蝶，梦到的一幕
是半空中骤然下降的距离
从图宾根到太仓
从枣园到灯笼镇
乌鸦的偈语，惨白飘飞的尘埃
潜入身体的骨骼，蒙住了跳跃的思想
我梦见你的抵达

如一道光,仅在心灵
满足一次震颤的握手
不枉此生,我还能怕什么呢?
可是,我存有的虚弱假设
也想听听你柔润的声音
那一句夹杂家乡土音的"Hello"
已足以让我倾心静聆

即使只剩唯有的一次,也令我怀念一生

2010.10.24

题外话

静枝。衬托太阳的圆脸
微笑着,让燃烧的光芒
穿越麦田、桃林、细流、翠峦
映照繁丽的景象,只属于广袤的原野

谁,感奋于目睹制造的过程
沉甸甸的枝头,成熟的果实暗藏香甜
轻风吹过,散出一片浓烈的乡情

谁,点染朱砂,醒目迷人
化作五颜六色的花瓣,倾情江南
并给予柔媚的眼睛,与你相见
我不愿离开,那么还能说些什么呢?

2011.5.12

创作一览表

1981年　在徐州师范学院中文系就读时，受同桌好友沈曙虹影响，开始习诗。参加校园文学社，以远沉笔名在油印校刊发表诗歌。

1984年　在徐州《大风》文学季刊发表处女作《九百六十万——献给同时代的青年朋友》，著名诗人王辽生撰文推荐。

1991年　在《江苏工人报》文学副刊发表诗作《感受阳光》，获征文二等奖。在《苏州日报》副刊发表诗歌《想起雷锋》。

1999年　在孙琴安主编《历代名臣上书录》明代部分(重庆出版社)收录《体察民情，尽言无讳》、《空怀万字平戎策》两篇析文。

2006年　出版诗集《风景·感受·对话》(北京大众文艺出版社)。参加长岛、潘维、陈东东、庞培主持的三月三诗会。

2007年　与祝凤鸣、小鱼儿策划《诗歌报》第六届金秋诗会，江浙沪皖30多位诗人参加。

2008年　在上海《文学报》发表诗歌《踏青》等一组。

2009年　在《上海诗人》第一期发表《台湾诗话》一组。在上海《解放日报》朝花副刊发表诗歌《南湖船：纪念与感受》、《江南雨》、《半夜来电》、《一个人孤独》等，其中《南湖船：纪念与感受》获征文优胜奖。在上海《文学报》发表《薰衣草》诗歌一组，海上著名诗人朱金晨撰文推荐。《乡村爱情》收入陈忠村、玄鱼主编的《诗·城》（上海文艺出版社）。在《苏州日报》副刊发表诗歌《又见芦苇荡》。在《上海文学》12月号发表诗歌一组《孤独的星座》。筹备江南民间现代诗歌馆，并筹建梅村诗社。加入江苏省作家协会。

2010年　参加三月三·江阴半农诗会。在上海《解放日报》朝花副刊发表诗歌《此刻》、《清明雨》、《记忆与感想》、《微笑的城市》、《世博记忆》、《九月之书》、《中秋》、《谁的裤脚边拴着忧郁之花》等。在《中国作家》6月号诗歌增刊发表诗歌《写给XY的情书》一组。在《诗歌月刊》9月中月刊发表诗歌《恋上江南野外的诗意》一组。在《诗歌月刊》11月上半月刊发表《江南人家》、《车过清水断崖》。在《文学报》发表诗歌《看我的样子》一组。在《上海诗人》第6期发表诗歌《冷眼看花》一组。《九月之书》荣获苏州市首届(2001～2009)张浦杯诗歌奖，收入王光明主编《2010中国诗歌年选》（花城出版社）。《休闲广场》获上海中南杯城市生活百字诗歌大奖赛优胜奖。出版诗集《或远，或近》（上海文艺出版社）。

2011年　参加三月三·池州杏花村诗会。特邀参加诗刊社第27届青春诗会。在《上海文学》3月号发表《春之外》。在上海《解放日报》朝花副刊发表诗歌《那一段路程》、《春》、《巨树》、《牵挂》、《秋锁西湖》等。在《诗刊》8月号下半月发表组诗《沙溪，沙溪》。在《文学报》发表《小巷》、《断句》等诗歌专刊，《诗选刊》9月下半月刊转载，《断句》收入宗仁发主编《2011年中国最佳诗歌年选》（辽宁人民出版社）。在《中国作家》2011年下半年诗歌增刊发表《虚构的爱情》一组。在《人民日报》海外版发表诗歌《维纳斯》、《江边》、《不便来见我》、《目击者》、《塘鹅》、《镜花水月》、《幸福，也会有忧伤》等。在《苏州日报》副刊发表《南湖、烟雨楼及随想》、《红船》，获优秀征文奖。在《姑苏晚报》发表诗歌《春到江南》。与诗刊社、太仓文联、沙溪镇人民政府一起策划《同一首诗·走进沙溪》以及柔刚诗歌奖19届颁奖大会诗歌活动，白桦、李小雨、冯秋子、唐晓渡、谢建平、蓝野、娜仁琪琪格、朱燕玲、高兴、子川、王夫刚、黄玲君、李少君、沈苇、唐不遇、叶辉、黄梵、黄礼孩、森子、李森、沉河、严力、陈忠村、默默、欧阳昱、梁雪波、长岛、陈东东、潘维、庞培等50余人参加。《苦瓜》收入李天靖、陈忠村、宗月主编《我与光一起生活·中外现代诗结构意象》（上海文艺出版社）。《阿里山日出》收入王韵华主编《中国当代风景诗选》（阳光出版社）。出版诗集《冷眼看花》（上海文艺出版社）。江南民间现代诗歌馆开馆。

图书在版编目（CIP）数据

风月无边/龚璇著.-上海：上海文艺出版社.2012.5
ISBN 978-7-5321-4449-5
Ⅰ.①风… Ⅱ.①龚… Ⅲ.①诗集-中国-当代
Ⅳ.①I227
中国版本图书馆CIP数据核字（2012）第080245号

责任编辑：徐如麒
封面设计：袁银昌

风月无边
龚 璇 著
上海文艺出版社出版、发行
上海绍兴路74号
新华书店经销 上海文艺大一印刷有限公司印刷
开本880×1220 1/32 印张6.625 插页2 字数145,000
2012年5月第1版 2012年5月第1次印刷
ISBN 978-7-5321-4449-5/Ⅰ·3453 定价：27.00元

告读者 如发现本书有质量问题请与印刷厂质量科联系
T：021-57780459